使いこなせたら一人前

社《シャ》会《カイ》人《ジン》の日《に》本《ほん》語《ご》

SHAKAIJIN NO NIHONGO
YAMAMOTO HARUO

山《やま》本《もと》晴《はる》男《お》

CROSSMEDIA PUBLISHING

※本文中で一部、記載のある「漢検」は、
公益財団法人 日本漢字能力検定協会の登録商標です。

はじめに

映画館で外国映画を観る場合、字幕版と日本語吹き替え版があったとしたら、あなたはどちらを選びますか。

「俳優のナマの声が聞きたいから絶対、字幕版！」と思っているあなたは、もしかしたら、もうすでに少数派になっているのかも知れません。

最近の若い人は日本語吹き替え版を選ぶ割合が増えているのだとか。

その理由を聞くと、「字幕についていけない」と答える人も多いそうです。

たしかに、漢字が読めなかったり、見慣れない言葉に出会ったりすると、そこで目が止まってしまい、まごまごしていたら次の場面に変わってしまいます。

吹き替え版の方が画面に集中できるという気持ちもよくわかります。

そういったいまの若い人たちが、社会人となってシゴトの世界へ飛び込んでいくと、最初にぶつかるのが「言葉の壁」ではないでしょうか。

ビジネス社会は、独特で多種多様な言葉が飛びかう空間です。

これまでは読めなくても、あるいは知らなくても済んでいたことが、知らないとまずいという状況に変わっていくのです。


本書は、初めてカイシャ社会に入る皆さん、また、すでにカイシャ社会で経験を積まれている皆さんに、日々の業務で必ず出会うシゴトの漢字を始め、いまさら聞けないカタカナ語や慣用句について、「これは知っておいた方がいいよ」という想いを込めて企画したものです。

むずかしい学術書でも、目の覚めるような啓発書でもありません。

せっかく優秀な能力や技術をもっている皆さんが、毎日当たり前に使う言葉でつまずくことがないように、一先輩からのささやかなアドバイスのつもりで書いたものです。

最後まで眠くならずにお読みいただけたらうれしいのですが。

山本　晴男

社会人の日本語　目次

第二章　取引先には送れない、カイシャのメール言葉

第三章　会議で知らんぷりできない、カイシャのカタカナ語

第六章　知らなくても人には聞けない、カイシャの慣用語

第七章　トップの好きなカイシャの四字熟語

番外編

鵜呑みにできない、カイシャ言葉のウラ

第一章

上司も読み間違える、カイシャの漢字

漢字の読み方がわからなければ、
パソコンで入力することもできません。
社会人にとって、まず身に着けたいのは、
カイシャ漢字の「読み」。
誰もが間違える難読28語から入りましょう。

■次の傍線部の漢字が正しく読めますか。

彼は、入庁三年で出納係に配属された。

×しゅつのうがかり　〇すいとうがかり

「出納」は金銭や物品を出し入れすることで、「すいとう」と読みます。

「出」の字を「すい」と読んだり、「納」の字を「とう」と読む例は少なく、「出納《すいとう》」は珍しい読み同士が合わさった例と言えます。

ただ、パソコンで「しゅつのう」と入力しても「出納」と変換されますが、「しゅつのう」という場合は、「平安時代に物品の出し入れをつかさどった役職」という別の意味になり、現代のビジネス社会ではまず使われません。

そこまでのむずかしい知識も必要ではないでしょう。

「出納」は「すいとう」と覚えておけば大丈夫です。

当社の給与は、年俸制です。

×ねんぼうせい　○ねんぽうせい

「年俸」を「ねんぼう」と読み間違える人は驚くほど多いですね。

「俸《ほう》」の字が木へんの「棒《ぼう》」に似ているからでしょう。

にんべんの「俸」は「俸給《ほうきゅう》」のように「ほう」と読みます。「ぼう」とは読みません。

ただし、「ほう」と読む字でも直前に「ん」が来る場合には「本邦《ほんぽう》」「漢方《かんぽう》」「憲法《けんぽう》」のように、発音が「ぽう」と変化することが多くあります。

民進党前代表の蓮舫《れんほう》さんは「ほう」の発音のままですが、「年俸」は「ねんぽう」と読むことを、しっかり覚えておきましょう。

■次の傍線部の漢字が正しく読めますか。

稟議書を作って承認を得る。

×しんぎしょ　○りんぎしょ・ひんぎしょ

「稟議《りんぎ》」は会議を開かずに、書類を作って関係者にまわして承認を得ることです。入社して間もないうちは、まず作成することのない書類ですが、読み方だけは覚えておきたいですね。「審議《しんぎ》」と混同しないように。

「稟《りん》」の字は、この場合は「申し上げる」という意味です。

ただ「稟議」は正しくは「ひんぎ」と読み、「りんぎ」は慣用読みとされますが、いまパソコンで「ひんぎ」と入力しても「稟議」と変換されないことが多いようです。「稟議」は「りんぎ」と読めれば社会人としては合格ですね。

最近、**為替**レートの変動が大きい。

×ためかえ　〇かわせ

銀行の窓口などでよく見かける言葉ですね。現金を送るかわりに手形や小切手で金銭の受け渡しを済ませる方法のことです。

一字一字の音訓ではなく、「為替」の二文字で「かわせ」と読む、**いわゆる熟字訓や当て字と言われる読み方のひとつで、**「替わりを為す」ところから、この字が当てられたのではないかと言われています。

ちなみに「外国為替」を略した「外為」は「がいい」ではなく「がいため」と読むので、とくに金融関係に入社する皆さんは常識として覚えておきましょう。

■次の傍線部の漢字が正しく読めますか。

社会保険料が控除される。

×くうじょ　○こうじょ

毎月の給与明細書には必ず出てくる言葉。**「控除《こうじょ》」とは引き去ることで、**控除額が2万円とあれば給与からその分、差し引かれます。

「控《こう》」の字の右側に「空」というパーツがあるように、「控除」という言葉は、給料日にはどこか空しさを感じる言葉ですね。

「控」の字と同じように、偏《へん》がちがう「腔」の字も「こう」と読み、「口腔《こうこう》」という熟語がありますが、なぜか医学界、歯学界ではこれを「こうくう」と言います。歯科と並んで「口腔外科」とあったら、この場合は「こうくうげか」と読むことを覚えておきましょう。

販売店の粗利は、いくらあるんだ？

×そり　○あらり

「粗利《あらり》」は決算用語のひとつ。売上高から売上原価を差し引いた額で、一般には売上総利益と呼ばれます。会社のおおまかな利益指標です。

「粗」の字は、「粗雑」とか「粗野」という熟語に使われますが、**ばらばらで密でないとか、こまやかでないという意味を表します。**

この字に米へんがついているのも、もとは、ばらばらしている玄米のことを指しているからです。「粗」を「あら」と読む例は特殊かと言うと案外そうでもなく、「あの作家の本は、あらかた読んでしまった」という場合の「あらかた」は漢字では「粗方」と書きます。

■次の傍線部の漢字が正しく読めますか。

歩留りをよくするのが、今期の課題だ。

×ふどまり・ほどまり　○ぶどまり

ちょっとむずかしい言葉ですが、「歩留《ぶどま》り」は、とくに製造業界ではよく使われる言葉です。

原料に対する製品の割合と定義され、簡単に言うと、100個の製品のうち、20個の不良品があった場合は、「80％の歩留り」という言い方をします。この場合、**「歩《ぶ》」の字に「あるく」という意味はなく、**日本語に特有の「もうけの割合」とか「物事の優劣」という意味になります。

形勢が不利なことを一般に「分が悪い」と言いますが、もうけの少ないことを「歩が悪い」と言う場合もあるようです。

貸し借りを、相殺する。

×そうさつ　○そうさい

「相殺《そうさい》」はカイシャ用語としては、差し引きして帳消しにすること。簡単に言えばチャラにすることですね。「殺」という字は「さつ」と読めば「ころす」という意味で、「殺害」「暗殺」など物騒な言葉が並びますが、これを「さい」と読めば、**「そぐ」とか「減らす」という意味になり、**「相殺」の他にも「減《げん》殺《さい》」という熟語があります。

あの金、相殺してくれないか？
チャラ男って、そういうことか！

■次の傍線部の漢字が正しく読めますか。

銀行からの借入金でまかなう。

×しゃくにゅうきん　○かりいれきん

「借入金」は銀行などの金融機関から借りるお金のことで、「かりいれきん」と読みます。「借金」とか「入金」という言葉があることからつい「しゃくにゅうきん」と読んでしまうのも無理からぬことですね。

売上げや決算に関する「〜金」という言葉は、なぜか**「〜」の部分を訓読みにすることが多く、**「売掛金《うりかけきん》」「買掛金《かいかけきん》」の他にも、「前受金《まえうけきん》」とか「引当金《ひきあてきん》」などがあります。決算書の読み方もスキルアップのひとつとして覚えておくのもムダなことではないでしょう。

当社の製品は、宮内庁の御用達だ。

△ごようたつ　○ごようたし

「御用達《ごようたし》」は宮中や官庁に物品を納入すること。またはその商人のことを言います。**正しくは「ごようたし」と読みますが、**パソコンで「ごようたつ」と入力しても「御用達」と出てきます。

かつては「ごようたつ」と言うと、上司や得意先に注意されたものですが、いまでは、「ごようたつ」と読んでも完全に間違いとは言えなくなってきているのですね。「ごようたし」が「用を足す」を連想させることから、もしかしたら「ごようたつ」と読むほうが礼儀にかなっていると考える人が増えているのかも知れませんね。

■次の傍線部の漢字が正しく読めますか。

会社設立の定款をつくる。

×ていけつ　○ていかん

フツウの社員はほとんど目を通したことがないと思いますが、「定款《ていかん》」は会社の組織や決算日などを定めた規則のこと。

「款」の字は、ひとまとまりになった項目のことで、「かん」と読みます。右側のパーツに「欠」がありますが「けつ」とは読みません。

「款」の字には「よろこぶ」という意味もあり、同じように「欠」のパーツを含む「歓」の字と同音同義の関係になります。

従って、手厚くもてなすという意味の「歓待《かんたい》」を「款待」と書いても間違いではありません。

仕事の進捗状況を報告する。

×しんしょう　○しんちょく

「捗」の字が「交渉《こうしょう》」の「渉」の字に似ているため**「進捗《しんちょく》」を「しんしょう」と読み間違える人が多いようです。**

このように漢字の偏《へん》や旁《つくり》から類推して、あるいは似たような字から類推して「多分、こう読むんだろうな」と勝手に読むのを「百姓読み」と言います。この名称は辞書にも出ています。

前ページの「定款」を「ていけつ」と読んだり、「甦生《そせい》」を「こうせい」と、「垂涎《すいぜん》」を「すいえん」と読んだりするのが「百姓読み」の例です。

■次の傍線部の漢字が正しく読めますか。

作業が終わる目処がついた。

×もくしょ　○めど

「目処《めど》」は目当てとか目標の意味で、「目処がついた」と言えば、「終わる見込みが立った」ということになります。

いまパソコンで「めど」と入力すると「目処」の他に「目途」という変換候補も出てきます。**「目処」は「めど」と読むのが一般的ですが**「目途」のほうは本来「もくと」と読み、「めど」と読むのは慣用読みとされますから、何ともややこしい話ですね。

カイシャの書類や文書で「めど」という言葉を使う場合は、「目処」と書くのが無難でしょうね。

部長の職を**更迭**させられた。

✕こうそう　〇こうてつ

「更迭《こうてつ》」は、その役目の人を代えることで、現在ではビジネス社会よりも政界で使われることが多い言葉です。

「迭《てつ》」の字は「代わる」という意味の常用漢字ですが、「更迭」という言葉以外にはほとんど使われることがありません。

ちなみに、同じ「失」というパーツを持ち「てつ」と読む字に「鉄」がありますが「金を失う」という文字の組み立てが嫌われて、製鉄会社の中には「鉄」の字の「失」のパーツを「矢」に換えている会社もあるようです。

■次の傍線部の漢字が正しく読めますか。

今回は、ずばり直截的なテーマだ。

△ちょくさい　◯ちょくせつ

「直截《ちょくせつ》」は、**てっとり早いとか、まわりくどくない**という意味です。「截《せつ》」の字が「載」や「催」の字に似ていることから「ちょくさい」という慣用読みが広がったようです。

これも前述の「百姓読み」のひとつと言えます。ただ、いまはパソコンで「ちょくさい」と入力すると「直截」とも変換されるように、「ちょくさい」という読み方が必ずしも間違いとは言えなくなっています。

慣用読みが広がると、本来の正しい読み方を押しやって市民権を獲得していくという、ひとつの例ですね。

上司に顚末書を提出する。

×しまつしょ
○てんまつしょ

「顚末書《てんまつしょ》」とは、物事の始めから終わりまでを報告する書類で、「顚」の字には**物の先端という意味があります。**似たような書類に「始末書《しまつしょ》」がありますが、「顚末書」がどちらかと言うと、ことの経緯を客観的に報告することが多いのに対して、「始末書」は結果に対して自分のミスを詫びるという意味合いが強くなります。

■次の傍線部の漢字が正しく読めますか。

株価が、最高値を更新した。

×さいこうち　○さいたかね

多くの人が「さいこうち」と読んでしまう、ひっかけ問題のような言葉です。株取引を表す「高値《たかね》」に最上級の「最《さい》」がついた言葉なので**「さいたかね」と読むのが正解です。**日常生活でもよく使われる「最高」という言葉に「偏差値《へんさち》」や「平均値《へいきんち》」の「値《ち》」がついたように見えるためつい「さいこうち」と読みがちですね。

株式の用語には「終値《おわりね》」とか「後場《ごば》」「気配値《けはいね》」のように独特な読みをした言葉が多いので注意しましょう。

先方との約束が、反故になった。

×はんこ　○ほご

なかなか読みにくい言葉ですが、「反故《ほご》」とは、無用なものになることで「約束を反故にされた」という使い方が一般的です。

「反」の字は、この場合はもともと**「ほん」と読み、「かえる」という意味です。**「故《こ》」は「故郷」という熟語があるように「もと」という意味です。そこから、「反故」はもとにかえる、転じて、無用になること、不要になること、という意味で使われるようになりました。

読みも「ほんこ」から「ほうご」→「ほご」と変化していったとされています。

■次の傍線部の漢字が正しく読めますか。

会社の規則を、遵守する。

×そんしゅ　○じゅんしゅ

パーツに「尊《そん》」が含まれるため、「遵守」を「そんしゅ」と読み間違える人が多いですが、正しくは「じゅんしゅ」と読みます。

「遵守《じゅんしゅ》」は規則や法律をまもることで、「順守」とも書きます。**「遵《じゅん》」の字はしたがうという意味です。**

もっとも、「規則をまもること」は、最近では「コンプライアンス」というカタカナ語にとってかわられつつあるようです。「規則を遵守します」などという言い方も、もしかしたら近い将来はなくなっているのかも知れませんね。

技術者としての**矜持**を持ち続ける。

×きんじ　〇きょうじ

TVドラマにもよく登場する言葉で、「矜持《きょうじ》」は自分の能力を固く信じること、プライドという意味です。

「矜《きょう》」の字の左側にある「矛」は「矛盾」という熟語があるように、武器に使うほこを表します。

そのため「矜」の字は、ほこの柄のように固く固定することから、**自信が固いことを表すようになりました。**

「矜持」を「きんじ」と読む慣用読みもありますが、本来「矜」の字を「きん」と読むと「あわれむ」という意味になってしまいます。

従って、例題の場合は「きょうじ」と読むのが正解です。

■次の傍線部の漢字が正しく読めますか。

会社の自慢を、云々する。

×いい・でんでん　○うんぬん

安倍首相が国会の答弁で「云々《うんぬん》」をつい「でんでん」と誤読したことで話題になった言葉。

その事についていろいろ言うことを「云々」といいます。「云」の字は、ものを言うことを表し、「うん」と発音するように「雲」という字のもとの形です。

ちなみに「云々」の「々」は、どう読むのでしょう。もちろん「ぬん」ではありません。**これは漢字ではなく記号で「同の字点」と言います。**

読み方はありませんが、パソコンで「どう」と入力すると出てきます。ためしに打ってみてください。

なんとも、杜撰な企画書だ。

×とせん・しゃせん　○ずさん

「杜撰《ずさん》」は、誤りが多くいい加減なこと。よく聞く言葉でありながら、漢字でこう書くとは知らなかったという人が後を絶ちません。

「杜」の字を「ず」と読むのは漢字の読み方のひとつ「呉音」です。

昔、中国に杜黙《ともく》という詩人がいたが、作詩の規則をまもらずいい加減だったという故事から「杜撰」という言葉が生まれたといわれています。ちなみに「杜」の字には日本独自の「もり」という意味があり、宮城県の仙台は広く「杜の都」と呼ばれていますが、「杜」の字は常用漢字ではありません。

■次の傍線部の漢字が正しく読めますか。

ついに、部長の逆鱗に触れた。

×ぎゃくりん　○げきりん

「逆鱗《げきりん》に触れる」はとくに目上の人を怒らせてしまうことです。

「逆」の字を「げき」と読むのは**漢字の読み方のひとつ「漢音」**で、「逆鱗」の他には、旅館とか宿屋を表す「逆旅《げきりょ》」という言葉があるくらいで用例は非常に少ないです。

「逆鱗」は竜のあごの下に逆さに生えているうろこのことで、中国の故事では、そのうろこにさわると竜は怒ってその人を殺してしまうと言われていました。そこから「目上の人の怒りを買うこと」を「逆鱗に触れる」というようになったようです。

上司の意向を、忖度する。

×すんど　○そんたく

「忖度《そんたく》」の「度《たく》」ははかること。「忖《そん》」は、手の指一本の幅を表す「寸《すん》」に「心」を表す「忄（りっしんべん）」がついたもので、相手の気持ちを推しはかることです。**つまり「忖度」は相手の気持ちが、どの辺りにあるのか推測することです。**本来は「言葉に出さずとも相手を思う」という、奥ゆかしさを感じさせる言葉ですが、最近の政治問題でどこかダーティなイメージがついてしまいました。

■次の傍線部の漢字が正しく読めますか。

当社の業績は、まさに順風満帆だ。

×じゅんぷうまんぽ　〇じゅんぷうまんぱん

「順風満帆《じゅんぷうまんぱん》」は物事がすべて順調に進んでいるさま。「順風」は船の進む方向に吹く風のことで、「満帆」はその風を受けて帆がいっぱいに広がることです。

かなり年配の社員でもなぜか**「満帆」を「まんぽ」と読み間違える人が多い**のは、「帆」の字を「はん」と読みにくいうえに、「帆」の訓読みが「ほ」であるところから来ているのでしょうね。

また、「漫歩《まんぽ》」とか「万歩計《まんぽけい》」という言葉に慣れてしまっているせいもあるかも知れません。

仕事一途に、がんばってきた。

×しごといっと　○しごといちず

この言葉、最近の若い社員からはあまり聞かれなくなりました。

「一途《いちず》」はひとつのことに打ち込むこと。

「途」の字は、みちの意味で、これを「ず」と発音する用例は非常に少なく、死者が渡るという「三途の川」以外にはあまり見当たりません。

「仕事一途」を「しごといっと」と読み間違えるのは、「一途《いっと》」という二字の熟語もよく使われるからで、こちらはひとすじの道のこと。

「発展の一途をたどる」とか「悪化の一途をたどる」などと使われます。

■次の傍線部の漢字が正しく読めますか。

ウチの社長は、団塊世代だ。

×だんこんせだい　○だんかいせだい

「団塊世代《だんかいせだい》」とは、1947年から1949年頃の**第一次ベビーブームの時期に生まれた世代で**、作家の堺屋太一氏が作った言葉とされます。

「団塊」の「塊《かい》」の字が「たましい」を表す「魂（こん・ごん）」という字に似ているせいか、「団塊」を「だんこん」と言う人が時々います。

筆者は昔、ある得意先との会議の席で、当時の女性部長が並み居る男性に向かって「あなた達は皆、だんこんの世代ですね」と発言したのをいまでも鮮明に覚えています。

男性を前にしては、あまり間違えてはいけない読み方ですね。

過去最高の**経常利益**を記録した。

○けいじょうりえき　○けいつねりえき

会社の利益指標のうち最も重要とされるのが「経常利益《けいじょうりえき》」です。

「経常《けいじょう》」とは、つねに一定の状態で続くという意味で、会社の活動を評価するうえで、経営者がいちばん気にする利益数値です。

通常は「けいじょうりえき」と言いますが、「計上利益」と混同しないように**敢えて「けいつねりえき」と読んだりします。**

「化学」を「科学」と区別するために「ばけがく」と読むことと同じですね。

上司が「けいつねりえき」と発言したら、まず、決算書に詳しい人だと思って間違いないでしょう。

間違えたら失礼ですよ、会社の名前。

ビジネスにおいて、取引先の社名を間違えたら大変失礼にあたります。東証一部の上場会社だけでも、ちょっと読みにくい社名は何社かあるようです。さて、次の会社の名前、正しくスラスラ読めますかな?

日本碍子(にほんがいし)

現在の表記社名は「日本ガイシ」だが、正式な商号は「日本碍子」。「碍子」は送電用のセラミックスのこと。「硝子《がらす》」と間違えやすい。

日本曹達(にほんそーだ)

東京に本社のある化学会社。「日曹《にっそう》」と略される。「曹達」はナトリウム塩の総称。「そうたつ」と読まないように。

矢作建設工業（やはぎけんせつこうぎょう）
愛知県に本社を置く総合建設会社。「矢作《やはぎ》」は「矢を矧《は》ぐ」の「矧」の字が「作」に変わったとされる。

日本甜菜製糖（にっぽんてんさいせいとう）
東京に本社のある総合食品企業。
「甜菜《てんさい》」は砂糖の原料となるビートのこと。「かんさい」と間違えやすい。

呉工業（くれこうぎょう）
「ＫＵＲＥ　５－５６」でおなじみの化学メーカー。広島県の呉市は市の名前を「ごし」と読む人が多いと嘆いていたが……。

日本冶金工業（にっぽんやきんこうぎょう）
東京に本社を置くステンレスメーカー。「冶金」は鉱石から金属を取り出すこと。
「じきん」とか「ちきん」と読まないように。

第二章

取引先には送れない、カイシャのメール言葉

「メールをよく使う」という人も、
ビジネスで使われるメール言葉にはとまどいがちです。
まして、相手が取引先ともなれば、
守らなければならない言葉のルールが
いろいろあるようです。

このメール文、さて、どこがおかしいのでしょう。

差出人：鈴木　一郎　suzuki@○○○○.co.jp
宛先：yoshida@○○○○.co.jp

○○株式会社　吉田部長様

お世話になっております。

本日は大変お忙しい中、貴重なお時間を
おとりくださいまして、ありがとうございました。

先ほどの打ち合わせの内容をまとめた資料を
お送りしますので、ご確認のほど
よろしくお願いいたします。

＝＝＝＝＝＝＝＝＝＝＝＝＝＝＝＝＝＝＝＝
鈴木　一郎
(株)○○○○○○　　第二営業本部

☞尊敬も過ぎると、かえって逆効果？

部長に「様」はいらない。

「部長」とか「課長」といった役職名はそれ自体が敬称なので、さらに「様」をつけた**「部長様」は「二重敬語」**となり適切ではありません。

この場合は「〇〇株式会社　〇〇部　部長　吉田様」とするのが正しい書き方です。同じように「各位」もそれ自体が敬称ですので、「各位様」と書くのもNGです。

また、「おっしゃる」に尊敬助動詞の「れる」「られる」をつけた「おっしゃられる」という言い方もよく使われますが、やはり「二重敬語」で、あまり感心できません。

様をつければ
いいって
もんじゃないぞ!
上司に向かって
「貴様」とは何だ!

このメール文、さて、どこがおかしいのでしょう。

差出人：河合　明　kawai@○○○○.co.jp
宛先：tanaka@○○○○.co.jp

○○株式会社　田中様

お世話になっております。

次回の打ち合わせについて
ご連絡を差し上げます。
来週、6月13日（水）午後3時に
御社に伺いたいと思いますので、
何とぞ、ご調整のほど、お願い申し上げます。

＝＝＝＝＝＝＝＝＝＝＝＝＝＝＝＝＝＝＝＝＝
河合　明
（株）○○○○○○　　食品事業開発部

☞電話なら、何も問題はないのですが……。

メールに「御社」は使わない？

相手の会社を言う場合、「御社《おんしゃ》」か「貴社《きしゃ》」か。

一般的には、電話のような話し言葉の場合は「御社」、**メールのような書き言葉の場合は「貴社」**とするのが正しいとされます。

その使い分けの理由は、「貴社」には同音異義語（記者、汽車、帰社）が多く、話し言葉で「きしゃ」と言っても、どの「きしゃ」なのかわかりにくい。そのため、話し言葉には「御社」を使い、書き言葉には「貴社」を使うこととされています。

同音異義語を避けるという意味では、書き言葉でも「御社」を使って良さそうなものですが、慣用的に「話し言葉では御社」、「書き言葉では貴社」となっているようです。

このメール、相手によっては失礼にあたります。なぜ？

差出人：山本　二郎　yamamoto@○○.co.jp
宛先：koyama@○○○○.co.jp

○○株式会社　小山様

いつもお世話になります。

ご連絡ありがとうございました。
打ち合わせ日時変更の件、了解しました。
では、3月15日（金）14：00に
貴社にお伺いいたしますので、
よろしくお願い申し上げます。

＝＝＝＝＝＝＝＝＝＝＝＝＝＝＝＝＝＝＝＝＝＝＝
山本　二郎
○○○○株式会社　　企画開発部

☞得意先に対しては使わない方がいい言葉は？

得意先に、「了解しました」は不適切です。

メールでは「わかりました」の意味で、よく使われる言葉ですが、**「了解」には相手に対する尊敬の意味が含まれていないため、**「了解です」「了解しました」はどちらも目上の人や、得意先に対して使うのは不適切とされます。

「打ち合わせ日時変更の件、承知しました」とするか、あるいは「かしこまりました」。より丁寧に書くなら「承りました」とするのが一般的です。

なお、同僚や社内の親しい人には、「了解」を使って問題はありません。少々面倒ですが、ここは相手によって使い分けましょう。

このメールに、相手は不機嫌になりました。なぜ？

差出人：中村　清　nakamura@○○○○.co.jp 宛先：shimizu@○○○○.co.jp ○○株式会社　営業部　部長　清水様 お世話様です。 先ほどご連絡いただいたお見積りの件ですが、 できる限りご要望にお応えできるよう、 弊社内でも検討したうえで、 今週中にはご返事したいと思いますので、 何とぞ、よろしくお願い申し上げます。 ＝＝＝＝＝＝＝＝＝＝＝＝＝＝＝＝＝＝＝＝＝＝ 中村　清 ○○○○株式会社　　購買管理部

☞見積りの件が原因ではないようですが……。

「お世話様」だと、労をねぎらうことになる。

得意先の部長が気分を害したのは冒頭の「お世話様」でした。「お世話様」は相手に対して感謝の意を表しますが、「ご苦労様」と同じように、**労をねぎらう言葉でもあるため、**同僚や部下には使えても、得意先や会社の上司に対しては失礼な印象を与えてしまうことがあります。電話と違って、感謝の気持ちが相手に伝わりにくいメールではなるべく「お世話様」は使わずに、「お世話になっております」を使うようにしましょう。

このメール文、さて、どこがおかしいのでしょう。

差出人：森　一雄　mori@○○○○.co.jp
宛先：inoue@○○○○.co.jp

○○株式会社　　井上様

いつもお世話になります。
本日は新スローガンの企画書をお送りくださり、
ありがとうございました。
さっそく拝見させていただきます。
今週中には、ご返事いたしますので、
よろしくお願い申し上げます。

＝＝＝＝＝＝＝＝＝＝＝＝＝＝＝＝＝＝＝＝＝＝
森　一雄
（株）○○○○○○　　広報宣伝部

☞一見、どこもおかしくはないのですが、
謙譲のしすぎは、相手にとって不快なことも。

「拝見させていただきます」も二重敬語。

「拝見する」は「見る」の謙譲語。「させていただく」も謙譲語なので「二重敬語」となります。前出の「部長様」が尊敬の「二重敬語」なのに対して、こちらは**謙譲の「二重敬語」となります。**丁寧すぎる言い方はかえって相手を不快にさせることもありますので、ここは「拝見します」でいいでしょう。同じように「お伺いさせていただきます」も日常よく使われる言い方で、違和感はないという人も多いですが、「お伺いします」「お伺いいたします」が正しい使い方とされます。

このメールで、お礼の気持ちは伝わりますか。

差出人：斎藤　実　saito@○○○○.co.jp
宛先：yamada@○○○○.co.jp

○○株式会社　山田様

いつもお世話になります。

先ほどは○○商事の
吉永様をご紹介いただきまして、
ありがとうございました。
さっそく吉永様にも本件企画の趣旨をご説明し、
大変、喜んでいただきました。

取り急ぎ、お礼申し上げます。

＝＝＝＝＝＝＝＝＝＝＝＝＝＝＝＝＝＝＝＝＝＝＝＝
斎藤　実
○○○○株式会社　　プロダクトデザイン部

☞お礼を言う場合に不適切な言葉があるのでは？

「取り急ぎ」は、お礼の場合には使わない。

相手にとりあえず知らせておきたいという場合に、「取り急ぎ」がよく使われますが、「取り急ぎ」は**「本来の手続きを略して、用件のみ伝えます」**というニュアンスがあるため、得意先や目上の人にお礼を伝える場合は失礼にあたります。

たしかに右のメールの場合、得意先の山田さんは吉永様を紹介するのにいろいろと苦労があったかも知れません。

それを「取り急ぎ」という言葉で済まされてしまっては少々物足りなさを感じるでしょうね。とりあえずメールでお礼を、という場合は「まずは、お礼申し上げます」とするのがいいでしょう。

このメール、相手によってはいい顔をしません。なぜ？

差出人：小林　芳雄　kobayashi@○○.co.jp
宛先：yamaguchi@○○○○.co.jp

○○株式会社　○○部　部長　山口様

お世話になります。

さて、小職、4月1日付けで営業一部に
配属されることとなりました。
営業二部在任中は、格別のご厚情を賜り、心より
お礼申し上げます。

今後とも、変わらぬおつきあいのほど、
よろしくお願い申し上げます。

＝＝＝＝＝＝＝＝＝＝＝＝＝＝＝＝＝＝＝＝＝＝
小林　芳雄
○○○○株式会社　　営業二部

☞メールではなく、直接会って挨拶するべきというのは
差し置いて……。

「小職」は、ヒラ社員は使わない。

「小職」は最近ではあまり見かけることはありませんが、「小生」と同じように、自分のことをへりくだって言う言葉です。もともとは官職（公務員）が使っていた言葉で、やがて民間でも使われるようになりました。

ただ、一般に「小職」はある程度、**役職のある人が自分のことを控えめに言うときに使う言葉**とされていますので、何の役職も持たない、若い社員が使うと相手によっては「何を失礼な」と受け取られかねません。ここは平易に「私」と言う方が好感をもたれるでしょうね。

このメール、言葉の使い方が気になりますか？

差出人：林　正雄　hayashi@○○○○.co.jp
宛先：nishikawa@○○○○.co.jp

○○株式会社　西川様

暑中お見舞い申し上げます。
平素は格別のご高配を賜り、
ありがとうございます。
さて、弊社では○月○日から○月○日の間、
夏季休暇を実施させていただきますので、
ご了承のほど、よろしくお願い申し上げます。

暑さ厳しき折柄、
どうぞ、お体ご自愛ください。

＝＝＝＝＝＝＝＝＝＝＝＝＝＝＝＝＝＝＝＝＝＝
林　正雄
○○○○株式会社　　中部事業部

☞結びの言葉にご注目ください。

「ご自愛」は、「体」の意味を含んでいる。

「ご自愛ください」は日常の手紙やビジネス文書、メールの結びの言葉としてよく使われますが、この言葉自体に**「体を大切にしてください」**という意味がありますので、「お体ご自愛ください」では「体」の意味がダブってしまいます。

「どうぞ、ご自愛ください」が正しい言い方とされます。

とはいえ、夏の暑いときに、相手の健康を気遣っているメールなので、「意味が重複している！」と不快に思う人もまずいないでしょうから、ここはあまり気にしなくてもいいのかも知れませんね。

このメール、言葉の使い方がおかしいのはどこ？

差出人：小島　良子　kojima@○○○○.co.jp
宛先：uemura@○○○○.co.jp

○○株式会社　上村様

いつもお世話になります。

この度の、連絡の行き違いにつきましては
大変ご迷惑をおかけしました。
今後は、このようなことがないように情報連絡を
徹底し、再発の防止に努めたいと思います。

何とぞ、ご査収のうえ、今後とも変わらぬ
ご愛顧のほど、お願い申し上げます。

＝＝＝＝＝＝＝＝＝＝＝＝＝＝＝＝＝＝＝＝＝＝
小島　良子
○○○○株式会社　　販売開発部

☞添付ファイルがあるわけでもないので……。

「査収」とは、よく調べて受け取ること。

「査収《さしゅう》」は、メールでとてもよく使われる言葉です。「査」は調べるという意味があり、「収」はおさめるという意味です。**従って「査収」はよく調べて受け取ってほしいときに使います。**

このメールの場合は謝罪文なので、丁寧なつもりで「査収」という言葉を使っているのですが、相手にしてみれば、添付ファイルもないので、何を調べて受け取れと言うのか、わからなくなってしまいます。

「メールをお受け取りください」という意味では「査収」は使わないので、間違えないようにしましょう。

このメール、まれに不快を感じる人がいます。なぜ？

差出人：北村　祐二　kitamura@○○.co.jp
宛先：sugiyama@○○○○.co.jp

○○株式会社　杉山様

いつもお世話になります。

昨日はご多忙のところ、弊社にご足労をたまわり、
ありがとうございました。
打ち合わせの内容をまとめた企画書が
出来上がりましたので、お送りいたします。
ご確認のほど、お願い申し上げます。

＝＝＝＝＝＝＝＝＝＝＝＝＝＝＝＝＝＝＝＝＝＝＝
北村　祐二
○○○○株式会社　　営業管理課

☞言葉づかいに問題はないように見えますが……。

「多忙」という字を嫌う人もいます。

相手を気遣う気持ちは伝わるメールですが、「ご多忙」の「忙」の字をちょっと見てください。「忄（りっしんべん）」は「心」を表し、「亡」の部分はなくなるという意味ですから、**「忙」の字は、心を亡くす、**つまり、いそがしさにあれこれと追われて落ち着かないことを意味します。

得意先や上司のなかには、こうした字のつくりを気にする人もときどき居ます。「ご多用」とすれば、用事が多くていそがしいという意味ですから、これなら問題ありません。

こうした使い分けをすることもマナーであることを心得ておきましょう。

このメール、どこかおかしいと思いますか？

差出人：高橋　美枝　takahashi@○○○.co.jp
宛先：sasaki@○○○○.co.jp

○○株式会社　佐々木様

いつもお世話になります。

次回のお打ち合わせですが、
来月７月３日（水）の午前１０時からでは
いかがでしょうか？
また、場所は弊社でよろしかったでしょうか？
あわせてご返事をいただけると幸いです。
よろしくお願い申し上げます。

＝＝＝＝＝＝＝＝＝＝＝＝＝＝＝＝＝＝＝＝＝＝＝＝
高橋　美枝
○○○○株式会社　　業務管理部

☞ファミレス言葉というのがありますが……。

「よろしかったでしょうか」は、やはり変？

来月の打ち合わせのことを「よろしかったでしょうか」と過去形で言うのはおかしいので、この場合は**「弊社でよろしいでしょうか」**とするのが自然ですね。ただ、打ち合わせの場所については過去に何らかの方法で打診したが返事がなかったために、このメールで再確認しているという状況なら、この「よろしかったでしょうか」はそれほど違和感を感じなくなります。一般にファミレス言葉、コンビニ言葉はおかしいと指摘されますが、状況によっては必ずしも間違いとは言えない場合もあるようですね。

社内メールの場合でも、これはちょっと恥ずかしい。

差出人：加藤　啓太　katoh@○○○○.co.jp
宛先：○○○○、○○○○、○○○○、○○○○、

同期の皆さま

昨日は私の送別会にお集まりくださり、
ありがとうございました。
10月1日より大阪支店宣伝部に移動となります。
これまで全く経験のないセクションへ
配属になるとは、自分でも以外なことで
驚いているのですが、何事にも自身を持って、
全力で頑張りたいと思いますので、
これからも、よろしくお願いいたします。

＝＝＝＝＝＝＝＝＝＝＝＝＝＝＝＝＝＝＝＝＝＝
加藤　啓太
○○○○株式会社　　営業統括二部

☞変換のミスが３か所もありますね。

パソコンの変換ミスには気をつけて。

メールはパソコンやスマホで発信するものですから、どうしても**変換ミスに気がつかないことがあります。**

いちばんよく見かけるのが「意外」と「以外」の打ち間違い。

これは両方ともよく使う言葉なので、間違いに気づきにくく、変換ミスのワーストワンと言えるでしょう。

その他、このメールにもあるように「異動」と「移動」、「自信」と「自身」などは打ち間違えしやすい言葉の常連です。

社内メールに限らず、すべてのメールは送信ボタンを押す前にきちんとチェックするようにしたいものですね。

寿司屋で株を上げる、魚へんの漢字。

ときには終業後、上司に連れられて寿司屋にお供、ということも。そんなとき、品書きに使われている魚へんの漢字をいろいろ知っていると、「お、コイツは」とあなたの株が上がること、なきにしもあらずです。挑戦してみましょう。読めますか、この魚へん漢字。

①鮪 大抵はどの店にも「有る」ようです。

②鯛 日本で周年獲れることからこの字に？

③鰹 堅魚《かたうお》が転じて「かつお」に？

④鰺 3月頃に美味しくなることから「参《さん》」と。

⑤鰯 弱りやすいことから魚へんに「弱」。

⑥鱈 初雪の頃に獲れることから。

⑦鮭 寿司屋ではサーモンと表示されています。

⑧鮑 魚へんだが貝の一種。「鰒」とも書きます。

⑨鰆 春先に多く獲れることから。

⑩鯖 背中が青いことから魚へんに「青」。

答え ①まぐろ ②たい ③かつお ④あじ ⑤いわし ⑥たら ⑦さけ ⑧あわび ⑨さわら ⑩さば

第三章

会議で知らんぷりできない、カイシャのカタカナ語

カイシャというところはカタカナ語が大好き。
全く知らないとバツが悪いが、連発するとほぼ嫌われます。
ここでは、会議の席や企画書によく登場する56語を紹介。
これだけは知っておいて損はないですよ。

□アウトソーシング　outsourcing

出現度★★★（多い）→★（少ない）

出現度★★

業務の一部を外部に委託すること。もとは情報システム部門が中心でしたが、やがて人事部門、物流部門と委託範囲が広がっていきました。

現在では「外注する」という意味で使ってもおおむね問題ないようです。

□アジェンダ　agenda

出現度★★★

予定表とか行動計画のこと。カイシャの中では「会議の議題」とか「協議事項」を指すことが多い。

「本日のアジェンダをご確認ください」などと言われて横目でキョロキョロしないように。

会議の議事録を指すこともあります。

□アテンド　attend

出現度★★

学生時代にはたしか、「出席する」という意味だと覚えませんでしたか？

ビジネスシーンでは少しニュアンスが変わって、「付き添う」とか「世話をする」という意味になります。

「A社のパーティにウチの社長が出席するので、キミにアテンドを頼みたいんだが」などと使われます。

□インセンティブ　incentive

出現度★★

英語で奨励とか刺激という意味です。一般的には成果をあげた社員に特別に報奨金やご褒美を支給したりすることで、俗にいう「ニンジンをぶらさげる」ってヤツですね。販売店に支払う販売奨励金というのもこれです。

□ウインウイン　win-win

出現度★★

自分と相手先、双方にとって良好な結果になること。「これで売り上げが伸びればウチにとってもA社にとってもウインウインだろ」などと使われます。

異星人とコンタクトするSF映画『メッセージ』ではこの言葉が重要なキーワードとして登場します。

□エビデンス　evidence

出現度★★

証拠とか証明という意味です。「その仮説には何かエビデンスがあるのか?」などと使われます。

この「エビデンス」、業界により、微妙に意味が違いますので気をつけてください。医薬品やサプリメントの業界なら「効果を表示できる実証データ」というような意味になります。

□オファー　offer

出現度★★★

申し込みとか、注文という意味ですね。「得意先から正式なオファーがない」などと使われます。

通販業界では「購入に際しての条件」という意味で使われます。「今なら20％ＯＦＦの２４，０００円！」というのも、オファーの一種ですね。

□オルタナティブ　alternative

出現度★★

二つのうちからひとつを選ぶ「二者択一」が本来の意味ですが、ビジネスの世界では「代案」を指すことが多い。「これでＯＫだが、念のためオルタナを用意してくれ」などと略されて使われます。

結局、オレはアイツのオルタナってこと？
ていうか、むしろ、捨て案かと……。

□ガバナンス　governance

出現度★

「統治またはそのための体制、方法」と定義されます。

「コーポレートガバナンス」と言えば、企業の管理運営という意味です。

似ていますが「ガバメント」と言えば「政府」とか「地方公共団体の行政府」という意味ですね。

□キャッシュフロー　cash flow

出現度★

ある期間にどれだけの現金が入り、どれだけの現金が出ていったのかという現金の流れの指標。

「損益計算書」「貸借対照表」のような書類上の決算ではなく、言わば実際にサイフの中身がどうなっているのかがわかるようになっている。

□キャパ　capacity

出現度★★★

「キャパシティ」の略で、収容能力とか、受け入れ可能な能力のことを言います。「あの劇場のキャパは2，000人を超える」などという形で使われますが、ビジネスの世界では仕事のできる容量の意味で、「いまキャパいっぱいですよ」など、大抵は気の乗らない仕事をやんわり断る場合などに使われます。

□キュレーション　curation

出現度★

ＩＴ用語で、インターネット上の情報を収集してまとめること。博物館や図書館の学芸員（curator）が館内の展示物を見やすく整理するところからこの言葉ができたと言われます。

グルメとかスポーツとか、特定の情報をまとめたサイトを「キュレーションサイト」と言います。

□クラウドファンディング　crowd funding

出現度★★★

インターネット経由で不特定多数の人から資金を集める手法のこと。

「クラウド」は雲（cloud）ではなく、群衆（crowd）。

「こんなことを始めたい」というアイデアをもつ起案者が、クラウドファンディングサイトを通じて支援者を募ります。

□コーポレート　corporate

出現度★★★

「コーポレーション（法人）」という言葉でわかるように、「企業の」とか「共同の」とかいう意味です。

「コーポレートサイト」と言えば企業の公式ウェブサイト、「コーポレートカード」は法人向けのクレジットカードのことです。

□コミット　commit

出現度★

責任を持って約束すること。「前年比110%の増収をコミットします」などと使われ、「約束します」と言うよりも責任を持つ分、強い意志表明となります。

ただ、あまり頻繁に使うと、安請け合い感が出てきて信用されないことになりますから気をつけてください。

□コンセンサス　consensus

出現度★★★

「同意」という意味です。ビジネス社会で、なくても困らないカタカナ語を挙げろと言われたら出てきそうな言葉。「事前に部長のコンセンサスをとっておけよ」などと使われますが、あまりに広く普及しているため、この言葉を駆使しても、「お、デキるヤツ」と思われる可能性は低いでしょう。

□コンピタンス　competence

出現度★

専門的な能力のこと。「コア・コンピタンス」と言えば、「競合他社を上回る能力」とか「競合他社の真似のできない能力」という意味で使われることが多く、わかりやすく言えば「ウチならではの強み」ということ。

□コンプライアンス　compliance

出現度★★

企業が法令や倫理を守ること。この言葉をよく耳にするようになったのは、商品の偽装や不正会計など、企業の不祥事が起きるたびに、経営陣が頭を下げて、「さらなるコンプライアンスの徹底につとめま

す」などと発言することが多いからでしょうか。謝罪に横文字は似合わないのだが。

□シナジー　synergy

出現度★

相乗効果のこと。シナジー効果とも言われます。例えば複数の企業がひとつの施設内で協同し、より大きな成果をあげることで、最近では大型書店の一角にコーヒーチェーンを併設し、互いの集客を高めるような形態もシナジーの例と言えます。

□ステークホルダー　stake holder

出現度★★

steak（ステーキ）と同音だが、こちらは企業の利害関係者の総称のこと。株主や債権者、消費者、取引先などを指し、大手企業の会社案内やホームページにもよく使われます。「今後も、お客様や株主様をはじめ、すべてのステークホルダーの皆様のご期待にお応えしていく所存でございます」など。

□ストレージ　storage

出現度★★

もとは保管とか、貯蔵という意味ですが、現代のビジネス社会ではデータを保管する記憶装置のことを指します。ハードディスクがその代表。インターネットを通じてストレージを貸し出すサービスをオンラインストレージと言います。

□ソリューション　solution

出現度★★

もとはＩＴ関連業者が顧客の要望に応じて、ハードウェアやソフトウェアを組み合わせて、システムを提供することを指していましたが、いまではもっと幅広く、企業が抱えるさまざまな問題の解決に取り組むことをこう呼んでいるようです。

□ダイバーシティ　diversity

出現度★★

多様性のこと。ビジネス用語としては、国籍や性別・人種を問わず幅広く人材を登用することで、企業の会社案内にはしばしば登場する言葉。

「多様な人材の個性や持ち味を活かし、新しい価値や成果を生み出していくダイバーシティの取組みをスタートさせました」（リコー）など。

□タスクフォース　task force

出現度★

「タスク」は仕事、任務のことで、「フォース」は力という意味ですが、「タスクフォース」となると俄然、活劇っぽいニュアンスが生まれ、ある特別な任務のために一時的に組織されたチームのことを指します。

わかりやすく言えば、黒澤明の『七人の侍』のようなもの。

□ドラフト　draft

出現度★

プロ野球の新人選択会議と同じ言葉ですが、ビジネスの世界では、下書きとか草案という意味です。

「明日までにドラフトでいいから作ってもらえないか？」などと使われます。頼まれる方も「下書きでいいから」と言われるよりはイヤな気がしないが、作業的には何ら変わらない。

□バジェット　budget

出現度★★★

予算とか経費のこと。それならとくに「バジェット」と言わずに「予算」「経費」と言えば済みそうなものですが、なぜかお金に関することは露骨に言いたくないのか、カタカナ語で代用するケースが多い。得意先の予算が少ないことが容易に想像できる場合、「で、バジェットの方は」などと丁重に切り出します。

□バッファ　buffer

出現度★

パソコンを使う時にときどき見かける言葉ですが、意味はよくわからないという人が多い。「バッファ」とは緩衝のことで、ビジネスの世界では時間に余裕を持たせた部分、という意味で使われることが多いようです。

「4日にはアップする予定だが、バッファを持たせて6日提出ということにしておこう」。

□フィックス　fix

出現度★★★

固定する、という意味。ビジネスの世界では「決定する」という意味で使われますが「決定」よりも、たしかに「固定」というニュアンスに近く、得意先に「これでフィックスします」と言えば、「これ以降、動かせませんから」と半ば最後通告として使うことが多い。

□フェーズ　phase

出現度★★

段階とか局面の意味。face（顔、表面）と混同している人をときどき見かけます。企業が経営計画を説明する場合などによく登場します。「２０１３年に策定した3年間の中期経営計画を、飛躍フェーズの第1ステージと位置付けます」（ヤマハ）など。

□プライオリティ　priority

出現度★★★

優先順位という意味です。電車やバスにある優先席は、英語でプライオリティ・シートと併記されていることもあります。カイシャで仕事が重なったときは、常識的には納期が迫っているものから優先します。

今日は第一フェイスをご覧に入れます。
百面相か……。
古いなあ、オレも。

□ブラッシュアップ　brush up

出現度★★★

brush は磨くこと。日本語ではブラシと発音されていますね。ビジネス社会で「ブラッシュアップ」と言えば、磨き上げるという意味で使われます。「今日の企画をもう少しブラッシュアップしてください」と言われたら、概ねＯＫという意味なので悪い気はしない。

□ブランディング　branding

出現度★★★

毎日のように見聞きする言葉ながら、その定義は広範にわたり、きちんと意味が答えられる人は案外少ない。誰にもわかるように言うなら「他社に追随させない商品価値を打ち立てていくこと」。まだわかりにくい？「黙っていてもその商品を選ばせるようにすること」なら？

□フリーアドレス　free address

出現度★★

自分の席を決めずに、空いている席で自由に仕事をする形態。１９８０年代の後半から導入されるようになりました。企業としてはスペースコストの低減を狙いとしたものですが、社員にとっては自分の席がなくなるという抵抗感が根強く、当初は椅子取りゲームと揶揄《やゆ》されました。

□プロパー　proper

出現度★★★

カイシャの中でプロパーと言えば、生え抜きの社員を指すことが多いでしょう。新卒で入社していて、中途入社の社員とは区別されてこう呼ばれます。また、派遣社員やパート社員と区別するために、正社員を「プロパー社員」と呼ぶこともあります。

□ベンチマーク　bench mark

出現度★

ＩＴ用語としては、コンピュータのハードウェア、ソフトウェアの動作を評価する基準のこと。転じて他社の優れたところを学んで基準にするという意味でも使われます。

「あの会社の成功例をわれわれのベンチマークにしたい」など。

□ペンディング　pending

出現度★★★

保留にするとか、先送りにするという意味で、カイシャでは頻繁に登場します。

pendは、もとは「ぶら下がる」という意味で、首から下げるペンダントもこの言葉から。

ひとたびペンディングされた企画や提案が再浮上することはあまりなく、その意味では限りなく「エンディング」に近い。

□ボトルネック　bottle neck

出現度★

ガラス瓶の首のところが細くなっていて流れが悪くなるように、ビジネスの世界では「進行の妨げとなっている部分」のこと。

効率が落ちている部分について「ボトルネックはどこだろう」などと使います。

通常は「ボトル」を略して「ネック」で通用します。

□リスクヘッジ　risk hedge

出現度★★

「リスク」は危険、「ヘッジ」は回避という意味があり、「リスクヘッジ」は文字通り、「危険を回避すること」。もとは金融用語でしたが、いまでは一般のビジネス社会でも使われるようです。「リスクヘッジのために法務にも声をかけておこう」など。

「転ばぬ先の杖」と言っても通用しそう。

□リテラシー　literacy

出現度★

もともとは、読み書きできる能力のこと。最近では「○○リテラシー」と、便利に使われるようになり、「ネットリテラシー」と言えば、ネットを使いこなせる知識、能力のことを言います。

□ワーキングランチ　working lunch

出現度★

政治家や企業の重役が仕事の話をしながらとる昼食のことで、各国の首脳が集まるサミットでおなじみになった言葉。

筆者は「忙しくて昼食に行けないのでコンビニで買ってきたおにぎりを食べながら仕事を続けること」と思っていましたが。

□ASAP（アサップ）

出現度★

as soon as possible の略で、「できるだけ早く」の意味。

カタカナ語が好きな人というのは、大抵どこの会社にも居るものですが、「そのレジュメ、アサップでフィニッシュしておいてよ」と言われたら「なるはやで仕上げます」と切り返そう。簡潔な言葉がいちばんだ。

□B to B

出現度★★

business to business の略で、法人を相手に取引することをB to Bと呼びます。ちなみに一般消費

これ、アサップでたのむよ！
ア、アサッテなら何とか……。

者を相手にする場合はＢ ｔｏ Ｃ（business to consumer）、行政を相手にする場合はＢ ｔｏ Ｇ（business to government）と言われます。

□ＣＢ

出現度★

カイシャの中で使われる場合はおもに call back の略で、電話をかけなおすこと。「Ａ社から電話がありました。ＣＢお願いします」などとメモに書かれることが多い。cash back のことではないので、メモをあわてて隠す必要はありません。

□ＣＣ

出現度★★★

電子メールを送る時に必ず目にする用語。宛先以外の人に確認のため送る場合にＣＣを使いますが、これが carbon copy の略だとは案外知らない人が多い。carbon copy は「複写」の意味です。

□CI

出現度★★

corporate identity の略。企業が自社の理念を内外に伝えるために統一したイメージを発信すること。狭い意味では企業のシンボルマークやロゴタイプを制作、管理することとされますが、これはとくにCIの中でもVI（visual identity）と言って、区別されていることもあります。

□c／o

出現度★

とくに外資系の会社に入社する皆さんは覚えておきましょう。c／oはcare of の略で、郵便などを送るときの「気付」という意味になります。

例えば郵便をA社に送る場合、A社がB社の中にあれば、「A社 c／o B社」という書き方になります。

□CRM

出現度★★

customer relationship management の略。「顧客満足を通して収益の向上をはかること」と定義されるマーケティング用語です。

一般的には顧客情報を管理したり、ダイレクトメールなどの販促システムを管理したり、要はお客様を大切に考える戦略ということ。

□CSR

出現度★★

corporate social responsibility の頭文字をとった言葉で「企業の社会的責任」と訳されます。

企業が利潤を追求するだけでなく、社会に与える影響に責任を持ち、環境をまもる活動をしたり、地域の発展に寄与するような活動をすること。

□FAQ

出現度★★

frequently asked questions の頭文字をとった言葉で、「よく尋ねられる質問」のこと。「Q＆A」と言えば「質問と回答」のことで、別々の意味ですが、「質問」には大抵「回答」が添えられますから、同じように使われている言葉と言ってもいいでしょう。

□FYI

出現度★

for your information の頭文字をとった言葉で、メールやメモなどにときどき使われます。「参考までに」という意味です。

「FYI」などと意味ありげに書かれると何だろうと思ってしまいますが、「参考までに」というレベルで、それほど重要な内容ではないらしい。

□IoT

出現度★★

internet of things の略。最近よく目にするＩＴ用語で、「モノがインターネットと接続されること」と定義されます。

自動車や家電製品などはすでにインターネットと接続される技術が進んでおり、今後あらゆる「モノ」がネットワーク化されると言われています。

□ISO

出現度★★

よく名刺にＩＳＯ取得などと記載されていますが、ＩＳＯは国際標準化機構の略で、簡単に言うと「世界中で規格を統一すること」とされます。

例えばＩＳＯ９００１取得と言えば、品質を保証するシステムが審査機関によって認証されました、ということになります。

□LGBT

出現度★★

性的少数者の総称とされます。lesbian（レズビアン）、gay（ゲイ）、bisexual（バイセクシュアル）、transgender（トランスジェンダー）の頭文字をとった言葉。

企業によっては性的嗜好による差別を禁じる規定を設けたりして、ＬＧＢＴ人材が働きやすい職場づくりを始めるようになりました。

□M&A

出現度★★★

企業の合併や買収のこと。merger（合併）とacquisition（買収）の頭文字をつなげた言葉。近年では積極的に企業間のＭ＆Ａが行われますが、２０１６年に台湾の鴻海《ホンハイ》精密工業が日本のシャープを買収したことは大きな話題となりました。双方にメリットのある反面、Ｍ＆Ａが想定通りの成果をあげていないというケースも出ています。

□PDCA

出現度★★★

plan（計画）、do（実行）、check（検証）、action（改善）の頭文字をとった、仕事の進め方のひとつの指標。

4つのプロセスが円環状につながるので、「ＰＤＣＡを回していく」というように使われます。

□ＰＤＦ

出現度★★★

「企画書をＰＤＦで送ってください」などと使われます。portable document format の略で、電子文書のための共通言語。印刷ページと同じ状態で使用できるファイル形式と言っても、わかりにくいですね。実際にパソコンで文書を作ってＰＤＦ形式で保存してみてください。

消えたカイシャ語に愛を込めて。

新しいカタカナ語が毎日のように登場してくる陰で、
時代とともに、いつしか消えていったカイシャ語も数えきれません。
懐かしく振り返ってみませんか。そう、あのときキミは若かった……。

昭和の中頃。会社で働く女性は
BGと呼ばれていましたね。

仕事ひとすじ会社いのち。
あの頃はみんな**モーレツ社員**。

今日は土曜日。うれしいな**半ドン**だ!

あれもこれも会社持ち。お気楽でしたね**社用族**。

これ、ロサンゼルス支社に
至急**テレックス**打っておいてよ。

ウチの女の子はみんな**腰掛け**でね。
3年くらいで辞めちゃうんだ。

今日は給料日ね。
封を切らずに持って帰るのよ、
月給袋。

課長、設計図の**青焼き**、
何枚用意すればいいですか？

オジサンは
グレーのスーツしか着なかった。
ドブネズミルックと言われようと。

毎日毎日残業つづき。
今日は**寝て曜日**でいいだろう？

第四章

そんな意味とは知らなかった、カイシャ言葉の勘違い

カイシャでは、言葉の意味の取り違えが
思わぬ事態を招くこともしばしばです。
言葉を武器にしたい人なら知っておきたい、
勘違いしやすい15語の本当の意味。

■正しい使い方はどちらでしょう？

役不足《やくぶそく》

A　「社長の代理なんて、私にはとても役不足です」

B　「こんな軽い仕事は、彼にとっては役不足です」

☞言葉の組み立てを考えてみましょう。似た言葉に「力不足」がありますが、これは「力が不足していること」です。

これにならえば「役不足」は「役が不足していること」。つまり……。

「役不足」は力量に比べて、役目が軽いこと。

正解　B

「不足」という熟語を含むため、「役不足」と言うとネガティブなイメージを持つ人が多く、「力不足」と混同されがちです。

「役不足」は、与えられた仕事や役目が、そのひとの力量に比べて軽すぎるという意味です。

従って、「このような仕事を与えていただき、ありがとうございます。私には役不足と思いますが、精一杯がんばります」などと謙虚なつもりで言ったとしても、正しい意味を知っている上司なら、「何と嫌味な……」と顔をしかめることになってしまいます。

「役不足」の正しい意味を答えた人は半分以下。

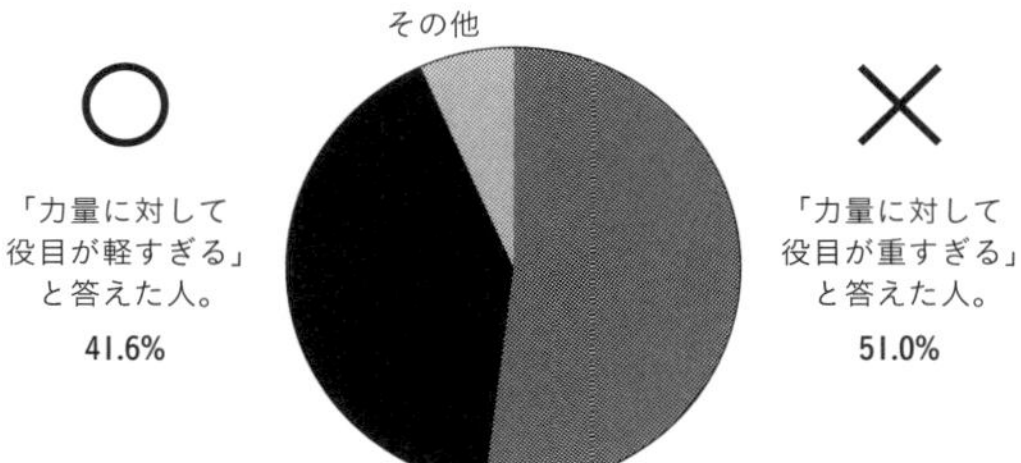

平成24年度 文化庁「国語に関する世論調査」より

■正しい意味はどちらでしょう？

遺憾《いかん》に思う

A　「心残りで、残念だ」

B　「申し訳ない気持ちだ」

☞「遺憾」の「遺」の字は、のこすこと。「憾」の字は、うらみという意味で、二つの漢字からは謝罪のニュアンスは伝わって来ないのですが……。

まことに
遺憾に
思います。
ほとんど
他人事
だぞ……。

「遺憾」とは、心残りで、残念であること。

正解　A

ときどき、政治家や企業経営者が記者会見などで使った言葉が、意味を誤解されて広まっていくということがあります。「遺憾」という言葉もそのひとつです。「遺憾」はもともと、**心残りで、残念という意味です。**

ところが、よく政治家の会見にありますが、身内の大臣の失言に「そこは遺憾に思います」などとコメントすることで、「遺憾」という言葉に謝罪の意味があるように思えてしまうのですね。本来、謝罪の意味はありませんから、正しくは「そういうこと言ったの？残念だ」という意味になり、よく考えると、どこか他人事のように聞こえます。

■正しい使い方はどちらでしょう？

姑息《こそく》

A 「相手に情報を流すとは、何とも姑息な手段だ」

B 「いま、担当をかえても、それは姑息な対応だ」

☞「姑《こ》」は、もともと文字通り、年老いた女性のこと。彼女たちは得てして保守的で、現状のままを好み、しばらくそのままにしておきたいと考えますよね。つまり……。

「姑息」は、そのまま、一時しのぎ、ということ。

正解　B

「姑息」の「姑」はしばらく、「息」は休息、つまり休むこと。従って、「姑息」とは、しばらく休むという意味から、**「一時しのぎ」という意味**になりました。あまりに多くの人が「姑息」を、卑怯なとか、ずるいという意味だと誤解しているのはなぜでしょう。ひとつは「姑」が、しゅうとめを表すことから、嫁に対していろいろ意地悪をするというイメージがあること。もうひとつは「姑息」が、こそこそとか、こっそりという発音に似ていて、陰で何か悪いことをするという響きがあることからでしょうか。

「姑息」の意味を「卑怯な」と答えた人は71％も！

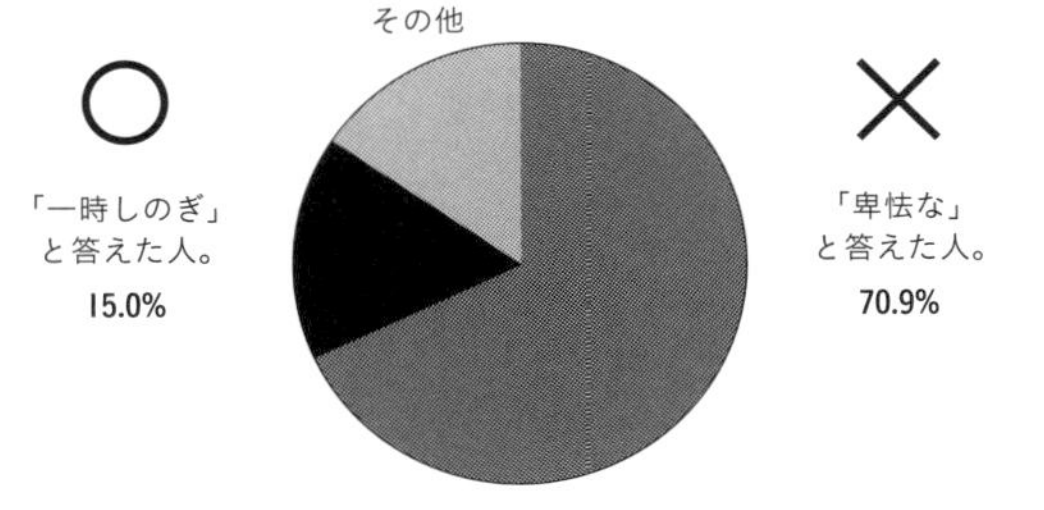

平成22年度 文化庁「国語に関する世論調査」より

■配達された郵便物に「親展」とありました。この意味は？

親展《しんてん》

A　「親または保護者に開封をお願いします」

B　「あて先の人に開封をお願いします」

「親」という字は、この場合は「おや」という意味ではありません。もう、一人前になった社会人に向けて「親に開封してもらってください」というのも、あまり聞いたことがない話ですね……。

「親展」は、あて先の人に開封して欲しいこと。

正解　B

筆者も昔、「親展」は、おやが開封するものと勘違いしていました。

この場合の「親《しん》」は、おやという意味ではなく、みずからという意味です。したがって「親展」とは、**あて先の人がみずから開封してくださいという意味です。**外国の要人に、日本の首相からの親書が手渡されたという報道をよく耳にしますが、この場合の「親書」も自分で書いた手紙という意味です。ちなみに、「親展」は英文のレターでは confidential（コンフィデンシャル）と表記されます。こちらは、内密とか機密という意味ですから、おやが開封することはなさそうですね。

■正しい意味はどちらでしょう?

やぶさかでない

A 「よろこんでする」

B 「仕方なくする」

☞「やぶさか」はもの惜しみすること。「ない」という否定語がつくことで、ここは「やぶさか」を否定した、ポジティブな意味がもともとの使い方なのです。つまり……。

「やぶさかでない」は、前向きな意味だった。

正解　A

「やぶさか」は漢字では「吝か」と書きます。「吝」の字はりんと読み、もの惜しみする、という意味があります。ケチな人のことを「吝嗇《りんしょく》」とも言います。「やぶさかでない」は「やぶさか」を否定していますので、**もの惜しみしない、よろこんでするという意味になります。**「ない」という否定語がつくので、どうしても「仕方ない」「やむを得ない」のように、しぶしぶするというイメージが定着しています。

「やぶさかでない」の意味を「仕方なく」と答えた人は44%も！

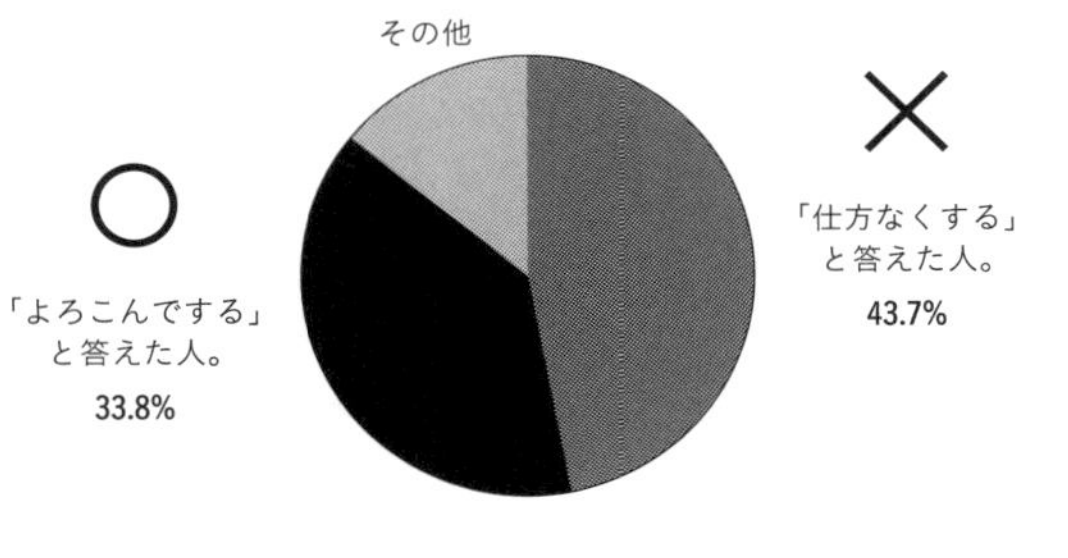

平成25年度 文化庁「国語に関する世論調査」より

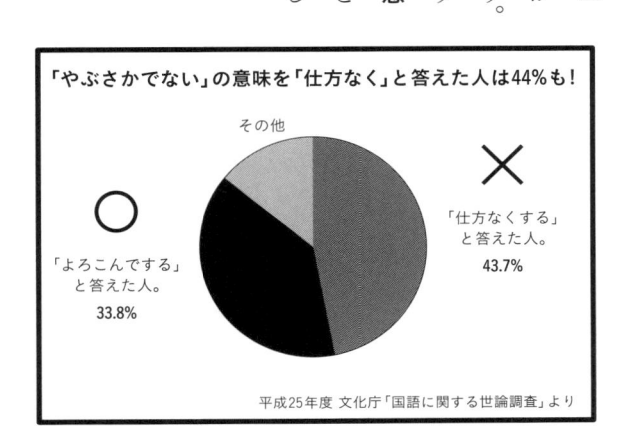

■正しい使い方はどちらでしょう？

鷹揚《おうよう》

A「ウチの部長の鷹揚な態度は、上司として失格だね」

B「ウチの部長の鷹揚な態度は、堂々として頼もしいよ」

☞字をよく見てみましょう。「鷹揚」の「鷹」は鳥の鷹《たか》、「揚《よう》」は高く上がるという意味なので、鷹が空高く飛ぶ。つまり、悪いたとえのようには思えませ

んが……。

「鷹揚」は、こせこせしないで、ゆったりしていること。

正解　B

部下が言葉を知らないと、上司も褒められているのか責められているのかわからなくなってしまうという例です。「鷹揚」は鷹が空を飛ぶように、**おおらかで、ゆったりしているという意味です。**

失格どころか、むしろ理想の上司像に近いのかもしれません。

これをネガティブな意味に勘違いするのは、どうやら「おうよう」という音感にあるのではないでしょうか。「横柄《おうへい》」「横暴《おうぼう》」「横領《おうりょう》」など、「おう」のつく言葉はカイシャでは嫌われる言葉が多く、その一種と思っている人も多いのでは？

■正しい使い方はどちらでしょう？

二《ふた》つ返事

A 「例の仕事、快く二つ返事で引き受けてくれたよ」

B 「例の仕事、二つ返事ながら何とか引き受けてくれたよ」

「二つ返事」と聞いて思い浮かぶのが、面倒くさそうに「ハイハイ」と「ハイ」を二回繰り返すこと。イヤイヤという意味と思われがちですが、小学校で子どもたちが元気に手を挙げる様子を思い出してみてください。

「二つ返事」は、よろこんで承諾すること。

正解　A

小学校では先生が「この問題わかる人？」と呼びかけると、多くの子どもたちが元気よく「ハイ！ハイ！」と手を挙げますね。「二つ返事」はこんな風に、肯定の返事を二回繰り返すことから生まれた言葉で、**積極的にOKすることです。**イヤイヤという意味にとられるのは、「二の足を踏む」とか「二の舞」のように、「二」のつく言葉にネガティブなニュアンスが多いことも影響しているようですね。「よろこんで引き受けるときは、『一つ返事』だろ」という人もいますが、もともと「一つ返事」という言葉はありません。

「快く承諾すること」は「一つ返事」？「二つ返事」？

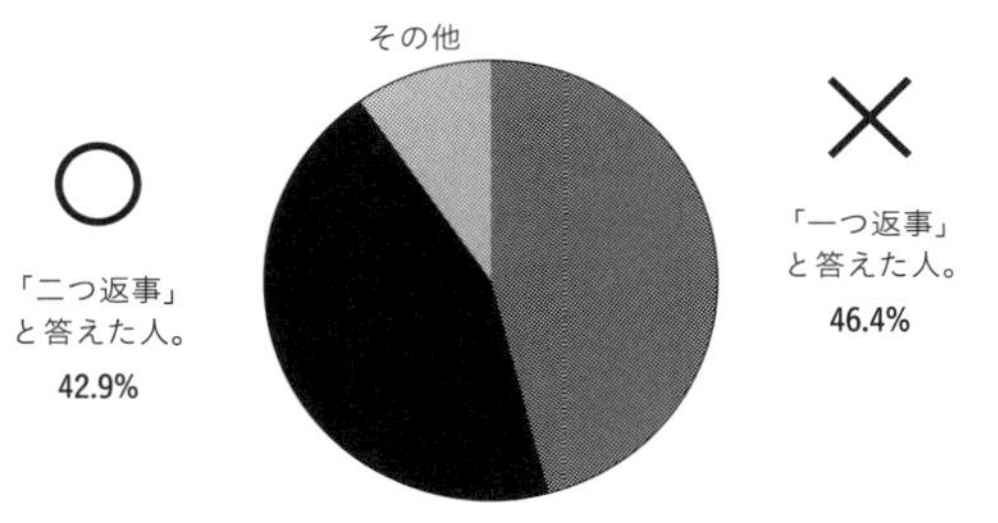

平成23年度 文化庁「国語に関する世論調査」より

■正しい使い方はどちらでしょう？

侃々諤々《かんかんがくがく》

A　「企画会議は侃々諤々、騒がしいだけで終わってしまった」

B　「企画会議は侃々諤々、さかんにアイデアが飛び交った」

☞四字熟語には本当の意味が誤解されているケースが多く、これもそのひとつです。
「侃々」は性格が剛直なこと、「諤々」は遠慮せずにものを言うこと。
普通はポジティブな意味で使われます。

「侃々諤々」は、遠慮することなく、さかんに議論すること。

正解　B

会議で遠慮なく意見を交わすのが「侃々諤々」で、略して「侃諤《かんがく》」とも言います。似たような言葉に「喧々囂々《けんけんごうごう》」があり、こちらは、やかましく騒ぎ立てることですから、意味はずいぶん違います。

音《おん》が似ているため「侃々諤々」と「喧々囂々」を混同している人も多く、中には二つの言葉を合わせて「喧々諤々《けんけんがくがく》」と言う人もいますがこれは間違い。ところがパソコンで「けんけんがくがく」と入力すると、ご丁寧にも「喧々諤々」と出してくれます。これでは間違いに気づかない人がいても無理はないですね。

■正しい使い方はどちらでしょう？

流れに棹《さお》さす

A 「わが社も、円安の流れに棹さして、業績を伸ばしたよ」

B 「円安の流れに棹さすような経営じゃ、時流に乗れないな」

☞今では「舟下り」もあまり見かけなくなった光景ですが、「棹」とは、船頭さんが持つ長い棒のこと。それを川底にさして、えいと突くわけですから、さて、舟はどうなる？

「流れに棹さす」は、流れに乗って、勢いを増すこと。

正解　A

「流れに棹さす」を、流れに逆らうとか、流れを止めるという意味だと誤解している人はずいぶん多いですね。正しくは、**流れに乗って、勢いを増すという意味です。**「棹さす」が流れに逆らうという意味だと勘違いされているわけは、棹をさすことで水の抵抗が増し、舟の進行を妨げると考える人が多いからでしょう。また、夏目漱石の『草枕』には「情に棹させば流される」という一節があります。そんなところから「棹さす」をネガティブにとらえている人が多いのかも知れませんね。

「流れに棹さす」の意味を正しく答えた人はわずか4人にひとり。

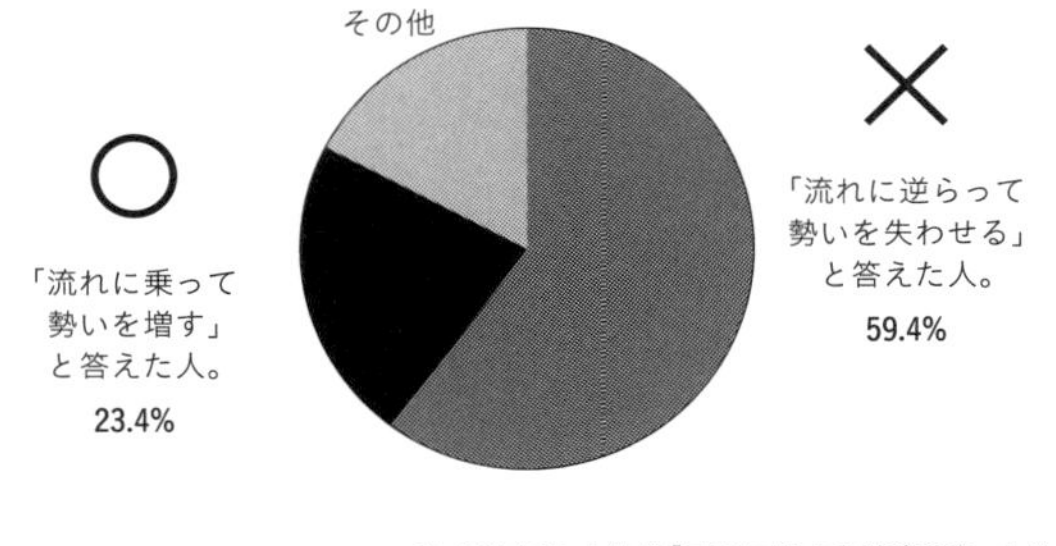

平成24年度 文化庁「国語に関する世論調査」より

■正しい意味はどちらでしょう？

おっとり刀《がたな》で駆けつける

A 「急いで行く」

B 「ゆっくり行く」

最近はあまり聞かれなくなった言葉ですが、「おっとり刀で駆けつける」と、大抵は一語として使われます。「駆けつける」わけですから、ゆっくり行くのではないような……。

「おっとり刀で」は、大急ぎでという意味でした。

正解　A

「おっとり刀」は漢字では「押っ取り刀」と書き、武士がとっさのときに、腰に差す間もなく、刀を手にしたままの状態のことを言います。

そこから、「おっとり刀で駆けつける」とは、**取るものも取りあえず、大急ぎで駆けつけるという意味になりました。**

つい、「おっとり」という言葉につられて、「おっとり刀」の意味を取り違えている人が多いのも無理からぬことでしょうね。いまのビジネス社会ではあまり使われない言葉ですが、昔の武士がこの言葉を「ゆっくり行く」と誤解していたら、大変なことになっていたかも知れません。

■課長の言葉の使い方、これって正しい？

名前負け

課長「企画が競合になったのは仕方がないとしても、競合相手は天下のS社だぜ。それだけでもう、名前負けしそうだよ」

☞言葉自体は難解ではないのですが、ときどき勘違いする人がいます。
相手の名前に負けることなのか、それとも自分の名前に負けることなのか……。

「名前負け」は、名前が立派で、中身が追いつかないこと。

正解　課長の使い方は誤用です。

「名前負け」は、名前を聞いただけで気後れしてしまうという意味ではありません。正しくは、**名前が立派過ぎて、中身が追いついていない**、つまり、相手の名前ではなく、自分の名前に負けている状態のことを言います。例えば、日本の歌舞伎や落語の世界で「○代目　○○○○」という由緒ある名跡《みょうせき》を襲名しても、実力が伴っていないというような場合に「まだまだ名前負けしてるな」などと使われます。

「名前負け」の意味を誤解している人は9.3%。

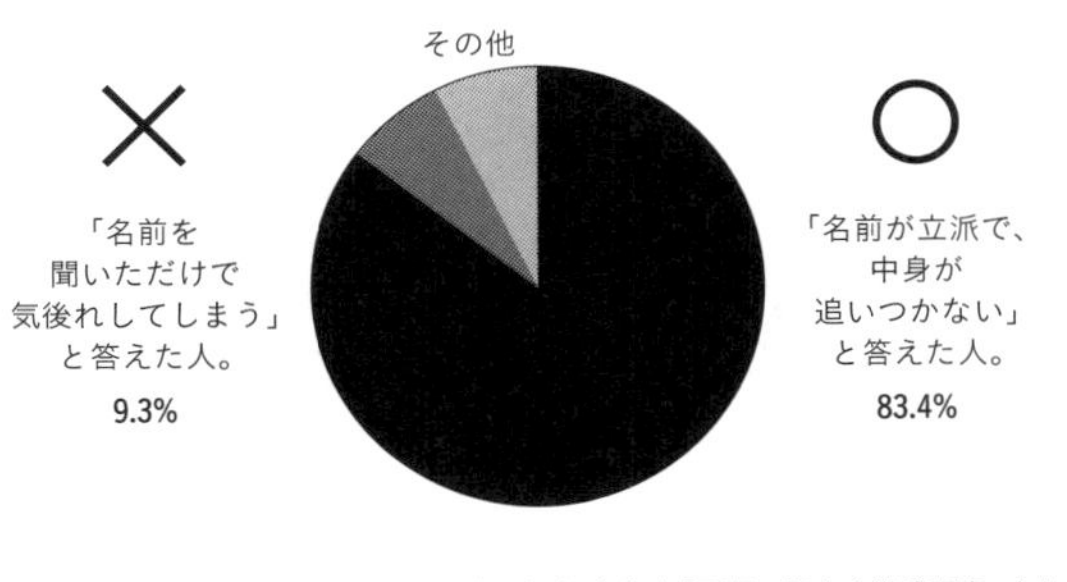

平成27年度 文化庁「国語に関する世論調査」より

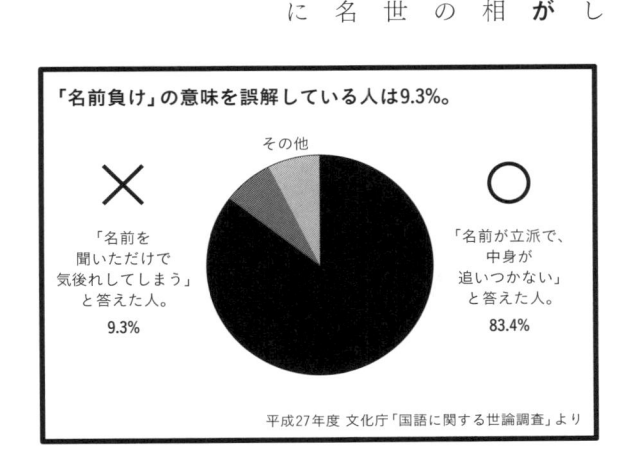

■正しい使い方はどちらでしょう？

方法論《ほうほうろん》

A 「テーマは良かったのに、表現の方法がまずかった」

B 「テーマは良かったのに、表現の方法論がまずかった」

☞「方法論」と言うよりも、「方法」と言ってくれた方がわかりやすいケースが多いのですが……。

「方法論」とは、方法を議論すること。

正解　A

「方法論」とは本来は哲学用語で、辞書によると、「学問研究の方法に関する理論的反省」と、難しい言葉で定義されています。ビジネス社会では、もっと日常的に、**○○の方法について議論すること、議論されたこと、というような意味で使われます。**ところが、カイシャの中には「それは結果論だ」とか「責任論になる」とか、「論」という言葉を使いたがる人が多いせいか、いつしか「方法」と言えばすむところを「方法論」という人が増えてきて、聞く方も違和感が薄くなってきているような気がするのですがどうでしょう。

■正しい使い方はどちらでしょう？

さわり

A 「時間がないので、冒頭のさわりだけ聞かせてくれ」

B 「時間がないので、ここというさわりだけ聞かせてくれ」

☞「さわり」はもともと、義太夫で他の節づけを取りいれた箇所。話の聞かせどころという意味です。映画や演劇で言うと、クライマックスにあたります……。

「さわり」とは、出だしという意味ではない。

正解　B

「さわり」は漢字では「触り」と書きます。「さわる」という語感から、「表面に手をつける」→「最初の部分だけなぞる」というような意味にとられていったのだと思いますが、正しくは物事の聞かせどころ、**ビジネスの世界では、もっとも重要な点といった意味で使われます。**

最初の部分とか、出だしという意味ではありません。

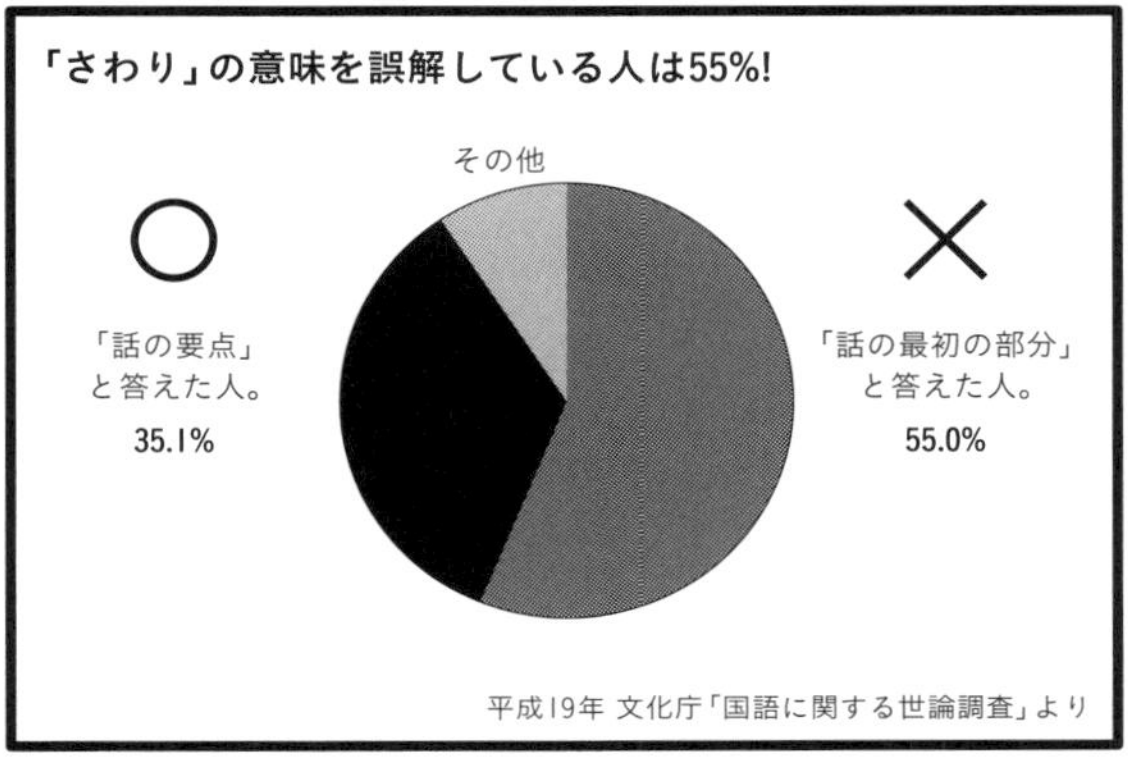

平成19年 文化庁「国語に関する世論調査」より

■正しい意味はどちらでしょう？

可及的《かきゅうてき》

A 「できるだけ、なるべく」

B 「急いで、速攻で」

☞「可及的」という言葉、聞いたことがありますね。この言葉、使われる用例が少なく、ほぼ例外なく「速やかに」という言葉とセットで使われます。さて、単独での意味は……。

「可及的」には、早くという意味はない。

正解　A

「可及的」は不思議な言葉で、ほとんどが「可及的速やかに」と続きます。「可及的短く」とか「可及的易しく」とか、あまり聞いたことがありません。

「可及的」自体は、**及ぶかぎり、できるだけという意味**ですが、「速やかに」という言葉とほぼ固定化されていて、そこから「可及的」と言えば「急ぐ」とか「早く」という、スピードに関するイメージが定着してしまったようですね。

もうひとつ、同音で「火急」という言葉もあり、こちらは火が燃え広がるように急なこと、大至急という意味ですから、どうやらこれも「可及的」の意味を勘違いさせる原因になったのではないでしょうか。

■正しい使い方はどちらでしょう？

気が置けない

A 「彼は気が置けない人だから、何でも話せるんだ」

B 「彼は気が置けない人だから、ヘタなことは話せないよ」

☞「置けない」という否定の形になっているため、どうしてもいい意味とは思えない言葉です。この言葉の意味を誤解している人が後を絶たないのも、無理からぬことですね。

「気が置けない」は、安心できないという意味ではない。

正解　A

「気が置けない」は**気配りや遠慮をしなくてもよいという意味**ですから、何でも話せる親しい間柄を指します。ところが「気が置けない」と聞くと「気を置くことができない」→「安心して心を許すことができない」という意味だと勘違いしている人が多いですね。日常会話で「あの人は気が置けない人だから」と言ったとしても、相手が意味を取り違えていたら、悪口を言っているように聞こえてしまいますので気をつけましょう。

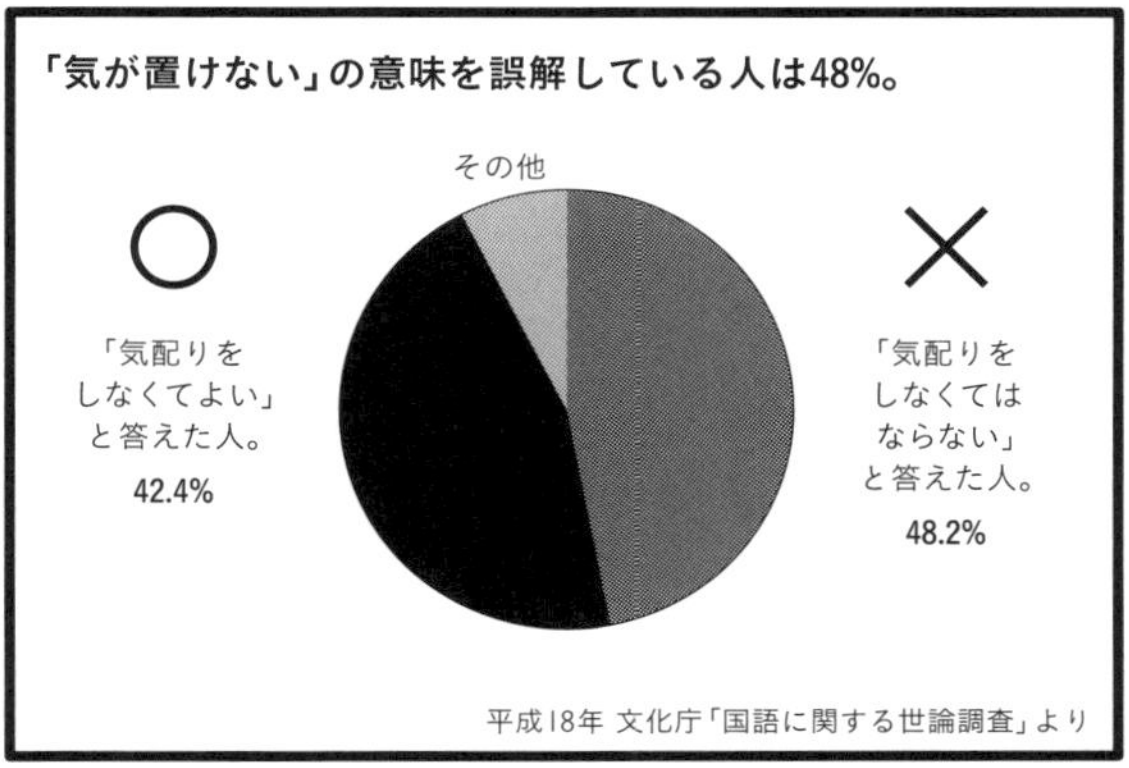

平成18年 文化庁「国語に関する世論調査」より

どっちがエライの？ カイシャ役職名の疑問。

フツウに勤めていけば、順当に階段を上がるのが日本のビジネス社会。それにしても、上にいけばいくほど、役職名が複雑で……。

◎最近よく聞くCEO、COOって何のこと？

アメリカ型企業統治の役職名です。ＣＥＯは最高経営責任者、ＣＯＯは最高執行責任者と訳されます。簡単に言えば、経営方針を決定するのがＣＥＯ、その経営方針を実行する責任者がＣＯＯということになります。

◎相談役と顧問、どう違うの？

会社の経営に関して相談や助言をする役という意味では相談役も顧問もほぼ同じですが、一般的には、相談役はその会社を退いた人がなるケースが多いのに対して、顧問はより実務的な知識が求められることから、外部の人を招くというケースが多いようです。

◎上席って何のこと？

「かみせき」と読むと寄席の興行のことになりますが、会社の役職名に「上席」とあったら、これは「じょうせき」と読み、同じ役職の中でも上位に位置します。執行役員と上席執行役員とあれば当然、上席執行役員の方が上ということですね。

◎課長補佐と課長代理、どっちがエライ？

よく聞く名前で紛らわしいですが「課長補佐」はあくまでも課長をサポートする役目で課長としての決裁権はありません。対して「課長代理」は課長のサポートでは同じですが、課長が不在のときなどは決裁の代行権があります。一般的にはより課長のポストに近いのが「課長代理」ということになるでしょうか。

Shakaijin no Nihongo Column

第五章

使い分けたら一目置かれる、カイシャの同音異義語

文書を打つときにいちばん困るのが同音異義語。
発音は同じなのに、漢字にすると候補がたくさんあって……。
知っているようで知らなかった
同音異義語の微妙な違いをマスターしよう。

■正しいのはどちらでしょう？

A　この案件は部長の「決済」が必要だ。

B　この案件は部長の「決裁」が必要だ。

どちらもビジネス社会ではよく目にする言葉で、パソコンによる変換ミスも多いようです。簡単に言えば「決済」はお金を支払うこと。「クレジットカードで決済してください」「月末までに決済をするように」などと使われます。
「決裁」は「裁判」の「裁」の字が使われているように、上司が部下から提出された案をいいか悪いか決めることです。「決済」はお金に関すること、「決裁」は許可をもらうことと覚えておきましょう。

正解　B

A　会議室を「押さえて」おきました。
B　会議室を「抑えて」おきました。

意外とどちらなのか迷ってしまう悩ましいケースですね。

「押さえる」は、力を加えて動かないようにする、転じて、確保するという意味ですから「会議室を押さえる」で正解です。「ホテルを押さえる」「要点を押さえる」もこちらです。

片や「抑える」は「抑制」という言葉があるように、「要求を抑える」「興奮を抑える」など、一般的には、感情のような見えないものを対象とする場合に多く使われるようです。

正解　A

■正しいのはどちらでしょう？

A　経費を「清算」する。

B　経費を「精算」する。

「清算」は貸し借りを済ますこと。転じて過去の関係などを白紙に戻すことです。「男女の関係を清算する」などと使われます。対して、「精算」は金額の過不足を細かく計算することで、「精」の字には「精通」「精査」のように詳しいという意味があります。

駅の改札近くにあるのは「精算窓口」ですね。出張費、交際費などの経費は「精算」と覚えておきましょう。

正解　B

あと1250万円で別れてあげるわ。
こ、この場合は清算か？精算か？

A　会社をつくる「趣旨」は何かね？

B　会社をつくる「主旨」は何かね？

使い分けが難しい同音異義語の筆頭格ですね。辞書を総合すると「趣旨」は文章や話で言おうとする事柄、また、何かを行おうとする目的・理由とあります。

「主旨」は文章や話で言おうとする中心的な事柄とあり、区別するのが難しいですね。

例題の場合は、会社をつくる目的・理由を尋ねていますので、この場合は「趣旨」が一般的です。文章や話で言いたいこととなると「趣旨を述べる」「主旨を述べる」のように、ほぼ同じ意味として使われていて、新聞では「趣旨」に統一しているところもあります。

正解　A

■正しいのはどちらでしょう。

A　ようやく、会議から「解放」されたよ。

B　ようやく、会議から「開放」されたよ。

「解放」は束縛された状態から自由になることで、カイシャ社会では「会議から解放された」「部長のお供から解放された」のように、自由ではなかった状態が終わった時、やれやれと使われることが多いようです。

「開放」は文字通り、開け放すことですから、会議室のドアに貼るなら「開放厳禁」。また、「ウチの社風は開放的だ」という場合も「開放」が使われます。

正解　A

A　社長に「代わって」出席する。
B　社長に「替わって」出席する。

「かわる」も同音の語が多い言葉で、使い分けに悩みますね。

カイシャでよく使われる「代わる」は、ある人の役目をするという意味で使われることが多く、「社長の代わりに出席する」とか「部長の代わりを任された」など、「代理」「代行」というニュアンスが強いですね。

「替わる」は交替する、入れ替わるという意味合いが強く、「担当が替わります」などと使われます。この二つの言葉もかなり使い方が紛らわしいので、迷ったら「かわる」とひらがなで書いてもいいでしょう。

正解　A

■正しいのはどちらでしょう。

A　企画書を「改定」する。

B　企画書を「改訂」する。

「改定」の「定」はきまり、さだめという意味ですから「改定」とは、従来のきまりを改めるというときに使われます。「給与の改定」「旅費規程の改定」という場合はこちらです。片や「改訂」の「訂」は文字や言葉の間違いをただすという意味ですから「改訂」は書類や文書の内容を改めなおすときに使われます。「改訂版」という場合は主にこちらです。

正解　B

A　その件は、来週の会議に「諮って」みよう。

B　その件は、来週の会議に「図って」みよう。

「はかる」も同音の漢字が多くて、どれを使ったらいいのか迷うことも多いですね。「諮る」は意見を求める、相談するという意味で、「会議に諮る」「役員会に諮る」などと使われます。対して「図る」は計画とか意図をくわだてるという意味ですから「合理化を図る」「解決を図る」というような場合に使われます。「はかる」は他にも「計る」「測る」「謀る」などがあり、使い分けが難しいケースもあります。迷ったら「はかる」とひらがなで書くというのもひとつの方法です。

正解　A

■正しいのはどちらでしょう。

A　企画書に、会社案内を「添付」する。
B　企画書に、会社案内を「貼付」する。

「てんぷ」と言うと、この二つの表記がありますが、「添付」は書類などにつけ添えること。「明細を添付する」などと使われます。「貼付」は書類などに貼りつけることですから「履歴書に顔写真を貼付する」というように使います。例題の場合は会社案内を貼りつけるわけではありませんから「添付」が正解。ただし、「貼付」は本来「ちょうふ」と読みます。「貼」の字が「点」や「店」の字に似ているため「てんぷ」という慣用読みが広がったようです。「貼付」を正しく「ちょうふ」と読めば二つの言葉も区別できるのですが。

正解　A

A　もう、食事は「取り」ましたか？
B　もう、食事は「摂り」ましたか？

「とる」と読む字は非常に多いので迷いますが、「取る」という字がいちばん多く使われ汎用的です。手に入れる、自分のものにするという意味がありますので「食事を取る」で基本的には正解です。また、「摂る」という字にはいろいろなものを合わせてとり入れる、体内にとり込むという意味がありますので「食事」の場合は「摂る」という字も使われます。ただ、「摂」の字は常用漢字表で「とる」という訓読みは目安とされていませんので、「食事」の場合は一般的に「取る」か「とる」と表記されることが多いようです。

正解　AもBも正しい。一般的にはAが使われます

■正しいのはどちらでしょう。

A　昔をなつかしむのは「回顧」趣味だ。

B　昔をなつかしむのは「懐古」趣味だ。

「回顧」は、振り返るとか思い返すこと。「昭和の時代を回顧する」のように使います。「小津安二郎回顧上映」というのもこちらです。対して、「懐古」は英語で言うとノスタルジー、昔をなつかしむことですね。「懐古趣味」とか「懐古調」という場合に使われます。

正解　B

バブルがなつかしいなあ。会社のカネ、使えて。
さかのぼって解雇ね。

A　少し「お尋ね」したいことがあります。

B　少し「お訊ね」したいことがあります。

「尋ねる」も「訊ねる」も、どちらも質問するという意味ですが、「訊ねる」は若干、問いただすというニュアンスが強くなります。従って、目上の人に対しては「訊ねる」ではなく「尋ねる」を使うという人がいるのもうなずけます。

ただ、「訊ねる」の「訊」の字は常用漢字外ですので、新聞の表記では基本的に「尋ねる」に統一されています。カイシャの文書などでも、「たずねる」という言葉を使いたい場合は「尋ねる」としておけばまず問題はないと思います。

正解　AもBも正しいが、日常的にはAを使います

■正しいのはどちらでしょう。

A　彼の人柄については、私が「保障」する。

B　彼の人柄については、私が「保証」する。

「保障」は危害を受けないようにまもることで、「安全保障」とか「社会保障」という言葉に使われています。対して「保証」は、責任をもって約束する、大丈夫だとうけ合う、という意味です。「保証人」とか「品質保証」という場合に使われます。例題の場合は「彼の人柄は、私が責任を持ちます」という意味ですからBが正解。もうひとつ「補償」という同音異義語もありますが、こちらは、損害をつぐなうという意味ですから、商品の不具合で生じた損失を弁償するというような場合に使われます。

正解　B

A　ご結婚を「お喜び」申し上げます。

B　ご結婚を「お慶び」申し上げます。

「よろこぶ」には「喜ぶ」「慶ぶ」「悦ぶ」「歓ぶ」などの字があり、どんなときにどの字を使うのか悩ましいですね。常用漢字表で「よろこぶ」と読む目安とされている字は「喜ぶ」なので、いろいろな場面で「喜ぶ」を使うことに問題はありません。

ただ、「慶ぶ」は「慶事」「慶賀」と言われるように、冠婚葬祭のなかでも、めでたい結婚式などに関することに使います。

正解　AもBも正しい。めでたいことにはBもよく使う

■正しいのはどちらでしょう。

A　この機械は5年で「原価」償却する予定だ。

B　この機械は5年で「減価」償却する予定だ。

「原価」は仕入れの値段のこと。対して「減価」は機械や備品などの資産価値が使用するにつれて下がっていくことで、「減価償却《げんかしょうきゃく》」はBが正しい表記です。これを書き間違える人が多いのは、パソコンを使う場合「げんかしょうきゃく」と一度に入力すればいいのですが、「げんか」＋「しょうきゃく」と分けて入力すると「原価償却」と打ち間違えるケースが多いからのようです。中には「原価焼却」という笑えない変換ミスもありますから気をつけましょう。

正解　B

A　知恵を「絞って」いい案を考えます。
B　知恵を「搾って」いい案を考えます。

「しぼる」で使われるのはこの二つですが、さて、どう違うのでしょう。

「絞る」は糸などを交差させて中のものを取り出すというのが原義ですから「雑巾を絞る」とか「知恵を絞る」、また、広がっているものを狭めるという意味もあることから「音量を絞る」「人数を絞る」などと使われます。

「搾る」は、手でしめつけて汁などを取り出すという国字（和製の漢字）で、「牛乳を搾る」「レモンを搾る」などが代表例です。ちなみに部下をしぼるという場合は「絞る」ですが、これはあまり使われたくない用例ですね。

正解　A

■正しいのはどちらでしょう。

A　明日のプレゼンは、総動員「態勢」で臨む。

B　明日のプレゼンは、総動員「体制」で臨む。

「態勢」か「体制」か。これも使い分けが大変難しい言葉です。「態勢」は、「準備態勢を整える」のように、あることに対する身構えという意味で使われます。「体制」の方は組織とか制度を意味しますから、例えば社長が吉田さんでワンマンの場合、「吉田ワンマン体制」のように使われます。おもに「身構え」を言うのか、「組織」を言うのかで使い分けることになります。例題の場合は、明日のプレゼンに対する身構えですから、ここは「態勢」とするのが一般的ではと思います。

正解　A

A　福利厚生の「一環」として、保養所を新設する。

B　福利厚生の「一貫」として、保養所を新設する。

「一環」の「環」の字は輪の形をしたものを表し、「一環」は輪のつながりの一部という意味です。「プロジェクトの一環として」などと使われます。対して「一貫」の方は、「貫」がつらぬくという意味ですから、始めから終わりまでひとつの考え方でつらぬき通すことを表します。「一貫して経理畑を歩んだ」などと使われます。

正解　A

■正しいのはどちらでしょう。

A　先ほどの説明を「捕捉」します。

B　先ほどの説明を「補足」します。

それぞれの漢字を構成するパーツが良く似ていて、パソコンの変換ミスにも気がつかないことが多いようです。Aの「捕捉」は「捕」の字も「捉」の字も訓読みでとらえると読みますから、「捕捉」はつかまえる、とらえるという意味です。「勤務実態を捕捉する」などとも使われます。対してBの「補足」は文字通り、つけ足して補うという意味ですから、例題のように「説明を補足する」という場合に使います。ちなみに「補則」というのもあって、これは規定集の最後に追加される規則のことです。

正解　B

A　次期役員には、彼を「薦める」つもりだ。
B　次期役員には、彼を「勧める」つもりだ。

「薦める」と「勧める」。これも使い分けが難しい同音異義語のひとつです。

辞書を開くと「薦める」は人や物を採用するように進言することとあります。

例題のように「彼を役員に薦める」とか「和食なら、あの店をお薦めします」などと使います。対して「勧める」は自分が良いと思うことを人に勧誘する、という意味ですから「入会を勧める」とか「迅速な行動を勧める」という場合に使います。

基本的に、人や物をすすめる場合は「薦める」、行動をすすめる場合は「勧める」と覚えておけば大丈夫でしょう。

正解　A

■正しいのはどちらでしょう。

A　二つの仕事が「並行」して進んでいった。

B　二つの仕事が「平行」して進んでいった。

使い分けがとくに難しい言葉ですね。「並行」は並んで進むとか、同時に行われるという意味があります。「道路と線路が並行している」「二つの仕事が並行して進む」のように使われます。「平行」は数学的に、二つの直線が交わらないことですが、「並行」と「平行」は大変似ています。辞書によっては「平行」には「並行」と同じ意味もあると書かれています。従って、例題の場合は通常はAの「並行」をあてますが、Bの「平行」でも間違いとは言えないようです。

正解　一般的にはAですが、Bでも間違いとは言えない

A　社長の話を「慎んで」お聞きした。
B　社長の話を「謹んで」お聞きした。

「慎む」と「謹む」。どちらもつつしむと読み、どちらも常用漢字でよく使われます。それだけに変換ミスも起きやすい言葉です。「慎む」は過ちをしないように気をつけること。「言葉を慎む」とか「酒を慎む」のように使われます。対して「謹む」は「謹」の字を使った「謹賀新年」とか「謹言」という熟語があるように、かしこまるという意味ですから、例題のように目上の人に対して何かを行なうという場合はBの「謹む」が正解です。

正解　B

■次の同音異義語。使い分けができますか？

A「遍在」
B「偏在」

あまりカイシャでは使われない言葉ですが、数ある同音異義語の中でも異義どころか、まったく意味が正反対という珍しいケースをご紹介します。

Aの「遍在」は「遍」があまねくという意味ですから、広くゆきわたって存在するということです。対してBの「偏在」は「偏」がかたよるという意味ですから、かたよって、ある場所にだけ多く存在するということです。

「遍在」と「偏在」。同音で文字もよく似ているのですが、意味はまったく逆です。使う機会は少ないですが、知識として知っておいても損はないですね。

A「会席料理」
B「懐石料理」

「今夜は接待でカイセキ料理だ。君も来い」。上司からそう言われたら、さてどんな料理を想像しますか？「会席」はもともと連歌《れんが》や俳諧の席のことを言い、「会席料理」とは現在では酒とともに、焼き物、煮物などがコースで供される宴会料理のことを指します。対して「懐石料理」は、もとは茶の湯で茶の前に出す簡単な料理のことを指しました。

いまでは同じような意味で使われることもありますが、「会席料理」はお酒を楽しみ、「懐石料理」はお茶を楽しむものという違いもあるようです。

「サイトウさん」は何種類？　人名の同音異義語。

社会人ともなれば、名刺を交換する機会がグッと増えます。

相手の名前を覚えるのはビジネスの第一歩ですから、正しく忘れないように覚えられるといいですね。

注意したいのは同じ読みでも漢字の違う「同音異字」の姓です。

◎どれもみな「サイトウさん」

「斉藤」の「斉」の字と、「斎藤」の「斎」の字はどちらでもいいと思っている人が多いようですが「斉」は「一斉《いっせい》」という言葉があるように「ひとしい」という意味です。対して、「斎」の方は「書斎」というように「物忌みや学習のためにこもる部屋」という意味ですから、この二つは全く別の字なのです。

「サイトウです」と挨拶されたら「斉藤」なのか「斎藤」なのか気をつけましょう。

さらに、「サイトウ」にはこの二つ以外にも「齊藤」「齋藤」「才藤」「西當」など、全部でなんと30種類近くの「サイトウ」表記があると言われます。メールや年賀状などで宛先を書く場合は細心の注意を払いましょう。

◎「ワタナベさん」や「スズキさん」にも油断できない？

同じように「ワタナベ姓」にも「渡辺」「渡邉」「渡邊」の他に「渡部」とか「渡鍋」「亘鍋」という表記もあります。

「スズキさん」もてっきり「鈴木さん」かと思いきや、数は非常に少ないですが「須々木」とか「鱸」という表記も見られます。思い込みで名前を覚えてしまうことも禁物です。

第六章

知らなくても
人には聞けない、
カイシャの慣用語

カイシャとはフシギな言葉が飛び交う世界。
意味を知っているのと、知らないでいるのとでは大違い。
社内コミュニケーションに
大きな差が生じることもありますからご用心。

□午後イチ

「午後いちばんに」の略。大体昼休みの終わる13時頃を指すことが多いので「午後1時」の略と勘違いしている人も多いが、あくまでも「午後最初にとりかかる」という意味です。従って、人によっては14時頃でも平気で「午後イチ」という感覚を持っているので要注意です。

□カンパケ

「カン」は「完全」の「カン」で、「パケ」は「パッケージ」の「パケ」という和洋混交の略語。完全にパッケージされたという意味で、例えばＣＭ制作の場合なら、映像、ナレーション、音楽、効果音などがセットされている状態のことを言います。最近ではスマホの通信量「パケット（量）」を「パケ」とも。

□ペラいち

「企画書、ペラいちでいいからまとめておいて」と言われたら「一枚の紙で」という意味です。ビジネスで使われる紙はＡ列サイズとＢ列サイズがあり、最近ではＡ列しか使わない会社も多く、ペラいちは通常「Ａ４一枚で」という意味になりつつある。あまり、Ａ３での一枚を「ペラいち」とは言いません。

□出禁《できん》

出入りを禁止されること。とくに何らかの理由で得意先を怒らせてしまい、その会社の敷居をまたげなくなること。つまり、正確には「入禁」なのだが、「出禁」と略されます。

□ググる

調べ物をするとき大手検索サイト、Googleで検索すること。

若者言葉から始まったが、いまではビジネス社会でも「わからなければすぐにググってみろよ」などと使われます。Yahoo! で検索するのは「ヤフる」というが「ググる」ほど使われていないようです。

□リスケ

schedule（スケジュール）に「再」を表すreをつけたreschedule（リスケジュール）をさらに略した言葉。

ビジネスの現場では、日程再調整という意味で使われます。

□NR（ノーリターン）

出先から会社に戻らず、そのまま帰宅することを

部長、今日も明日もNRです。
永久にNRでもいいけどね、何なら。

直帰、和製英語でＮＲ（ノーリターン）といいます。自宅から直接、出先に向かう時は直行と言ってこちらには略称がありません。直行よりも直帰の方がどこか後ろめたい気分があって、直帰と言わずにあえてＮＲと書かせるのでしょうね。

□前株《まえかぶ》

会社の名前で「株式会社」を前に持ってくるのが前株。「(株)○○○○」のように表記されます。後ろに持ってくるのが後株《あとかぶ》で、「○○○○(株)」と表記されます。ちなみに中《なか》株《かぶ》というのも認められているようで、「○○○○(株)○○○○」となるのだが、いまだにお目にかかったことはない。領収書の宛名を書いてもらうときに面倒だと思うのだが。

□てれこ

もともと歌舞伎の世界で二つの筋を一つにまとめて、一幕ごとに演じることを「てれこ」と言い、現在のビジネス社会では、互い違いにとか、あべこべにとかいう意味で使われます。これをカタカナで「テレコ」と書くと、かつてはテープレコーダーのことを指しましたが、いまではあまり姿を見ません。

□丸める

端数を切り捨てて、キリのいい数字にすること。例えば「215，000円」という見積りに対して「少し丸めてよ」と言われたら「210，000円」でも「200，000円」でも丸めることになるので、どこまで丸くするのかをその場で確認しないと、あとであわてることになります。

□たたき台

これから詰めていくための最初の案というような意味で、「明日までに、たたき台でいいから用意してくれ」などと使われます。もとは、露天商などがたたき売りをする際に使う台のことを指し、転じて今後、検討をするもととなるもの、という意味に転用されていったようです。

□棚卸《たなおろ》し

決算日に商品や製品の在庫の数量を数え、在庫の金額を計算すること。「店卸し」の字を当てることもあります。在庫の商品を棚から降ろすことと勘違いして「棚降ろし」と書く人を見かけますが、これは間違いですね。

□とっぱらい

TV業界や広告業界で使われることが多い。仕事をしてくれた人に請求書なし、領収書なしでギャラを支払うこと。証票のやりとりを「取り払う」ことから生まれた言葉。アルバイト代として支払う際などに担当者が面倒くさがって、ときどきこんな手を使います。

□上様

飲食店などで会社宛の領収書をもらうときに、しばしば「宛名は上様で」と本来の社名の代わりに使う。かつて都内の居酒屋でアルバイトの女子店員に「宛名は上様で」とたのんだところ、「ウエ様」とカタカナで書かれた領収書を渡されたことがある。外国人に見られたのだろうか？ いまだに謎である。

□下駄をはかせる

数字を上乗せすること。ビジネスの世界では、相手が値下げを要求してくることを想定して、あらかじめ見積り額を少し多めにすることを指します。

「多分、ディスカウントを言ってくるから、少し下駄をはかせておけ」などと使われます。

□ありなし

企画の提案などで、「これがあった方がいい場合」と「これがない方がいい場合」の判断がつかないとき、とりあえず両方用意して「ありバージョン」と「なしバージョン」のように使います。選択肢が複数箇所の場合、「ありあり案」「ありなし案」「なしあり案」「なしなし案」……と作業はとめどなく増えていきます。

□コピペ

copy and paste（コピー・アンド・ペースト）を略した言葉。
パソコンで文章などをコピー（複製）し、別の場所にペースト（転写、貼付）することです。ちなみにpasteは、のり状のものという意味ですから、文字通り、貼りつけるということです。

□ホウレンソウ

誰でも一度は聞いたことがある、仕事を進める上で大切な基本。「報告・連絡・相談」の頭文字をとった言葉。最近では相談よりも、まず自分で考えて「これでいいでしょうか？」

と確認する方が、より人が育つのではないかという考え方から「確認・連絡・報告」の頭文字をとって「カクレンボウ」という言葉も登場してきているようです。

□ならび

通常は個人に支払いをする場合、額面の10％を源泉徴収して支払いますが、源泉徴収をした上で、あらかじめ伝えていた金額通りの額を手取りで受け取れるように、数字を並べて調整すること。例えば８０，０００円の支払いに対して、個人が手取りで額面通り８０，０００円受け取れるように請求書の金額を８８，８８８円にすること。

□根回し

仕事を進めるうえで、水面下で関係者の了解をとりつけるように働きかけること。もとは木を移植する際に、根もとの周囲を掘り、主な根を残して細い根を切っておくことを言いました。根回し上手な人を敵にまわすと、会議でひとりだけ孤立してしまいますので要注意です。

□お茶をひく

もとは花柳界（芸者や遊女の社会）の言葉で、客が来ずヒマを持て余していることを「お茶をひく」とか「お茶を挽く」と言っていました。ビジネス社会でも仕事の声がかからず、手持ち無沙汰な状態のことを、こう言ったりします。

□色をつける

ビジネスの世界では、決められていた報酬額に少し上乗せして支払うこと。

「よく頑張ってくれたから、少し色をつけておいた

よ」などと使われます。

「色をつけたよ」と言われて、「どうせ俺はムショクだよ」と返した人が居たそうだ。実にうまいことを言う。

□大企業

「わが社は大企業だから」という言い方をよく聞きますが、実は大企業の定義はありません。中小企業の定義のみ法律で決められており、たとえばサービス業の場合は資本金5,000万円以下か、従業員100人以下の場合に中小企業とみなされます。では大企業はと言えば、中小企業以外を大企業とすると定義づけられているそうです。何だか変な話だ。

□てっぺん

深夜0時のこと。時計の針が頂上を指すことから、こう呼ばれています。

「電車がなくなるから、てっぺんまでには終わらせようぜ」などと使われます。同じ頂上を指しても昼の12時はてっぺんとは言いません。

□左遷

仕事上の失敗で他の部署や地方などに異動させられること。なぜ左なのかと言うと、中国の戦国時代には、左はいやしい方向と考える風習があったことから。

ちなみに、左遷の反対語は？ と尋ねて、右遷と答えた人が居たけど、正しくは栄転ですね。

□ディスる

もとは若者言葉でしたが、最近ではビジネス社会でも使われるようになりました。

無礼とか不敬を表すdisrespect（ディスリスペクト）を「ディスる」と動詞にした言葉で、簡単に言えば、悪口を言うという意味で使われることが多いようです。「アイツも結構、部長のことディスってたよな」など。

□手ぶら

何も持たずに行くこと。ビジネスの世界では、得意先に行くのに何も「お土産」を用意せずに行くことを指します。ただ挨拶するだけで、新しい情報や提案を全く持たずに訪問すると、「今日は手ぶらですか？ あいにく忙しくてね」などと、皮肉とともに追い返されてしまうことも。

□焼き直し

一度提案しているものを、部分的に手をくわえて、新しいもののように見せること。「時間がないから、2年前に出したものを焼き直しして持っていこうよ」などと使われる。相手に焼き直しを見破られてしまったら、「オレも焼きが回ったかな」と力の衰えを認めざるを得なくなる。

□敵に塩を送る

敵が苦しんでいるときに、その苦境を救うこと。かつて武田信玄が今川・北条から経済封鎖をされ、塩不足で苦しんでいるときに、長年のライバルだった上杉謙信が塩を送って助けたという故事から来ています。企業間競争の激しい現代のビジネス社会ではあまり見られない、とてもいい話なのです。

□ママイキ

広告業界や出版業界で、文章を校正する際、一度直したのを思い直して、「やっぱり、このままでOKです」と言いたい場合、「ママイキ」と赤く書きます。

まれに、印刷屋さんが新人だったりすると、「ママイキ」と指示した部分の元の文章が削除されて、「ママイキ」と印刷されて出てきたりする。日本語になっていない。

□腹をくる

覚悟を決める、決心をするという意味ですが、「腹をくくる」の他にも「腹を据える」「腹を決める」「腹を固める」とあって、ほとんど同じ意味です。

「そろそろ腹をくくって、この会社に骨を埋めるか」などと使われますが、「くくる」か「据える」か「決める」か「固める」か、迷って決心できないことも?

□つぶし

漢字では「潰し」と書きます。おもに「つぶしがきかない」と使われますが、応用がきかなくて、なかなか他の職種に転職できないことをこう言います。

「この業界にどっぷりじゃ、いまさらつぶしがきかないぜ。資格もないし」などと、半ばぼやきながら使われる言葉です。

□夜討《ようう》ち朝駆《あさが》け

新聞記者が何とか特ダネをつかもうと、深夜や早朝に刑事の家などを訪れることをこう言いました。もとは戦陣用語で敵の不意をつくという意味で使われたようですが、いまのビジネス社会では、もっぱら「営業なんだから、夜討ち朝駆けは当たり前だ」などと、おもに営業の心得を説く場面でしか使われないようですね。

□千三《せんみ》つ屋

「千のうち三つしか本当のことを言わない」という意味で、弘兼憲史の『課長 島耕作』でも、主人公は「あなたも相当な千三つ屋さんね」と女性に言われています。また、不動産の売買を仕事とする人もこう呼ばれることがあり、それは「千に三つくらいしか話がまとまらない」からだそう。

□キックオフ

Jリーグ創設後、サッカー用語がカイシャ社会でもよく使われるようになりましたが、プロジェクトがスタートする最初の会議をキックオフミーティングと言います。ちなみに、競合先のミスで仕事がこちらに回ってくることはオウンゴール、前述の「出禁」はレッドカードとも。

□鶴の一声《ひとこえ》

「では、A案で行きましょう」と決まりかけていたときに、エライ人が「B案だ」とひっくり返すこと。鶴の鳴き声は高くてよく響くことから、権力者の威圧的なひと声をこう言います。会議では声の大きい人が勝つ。これが鉄則です。

□海千山千《うみせんやません》

いろいろな経験を積んで、物事の裏も表も知りつくしていることを言います。

ただし、ほめ言葉ではなく、経験豊富なことから「悪い知恵がはたらく」という意味が続きます。従って、取引先の社長に「さすがは社長、海千山千ですね」と言おうものなら、「おれは越後屋じゃねえ」と返されそう。

□雀の涙

大抵はボーナスや退職金の額が少ない時に使われる。「ボーナスなんて雀の涙だよ。ローンも払えない」「まだいいさ。オレなんか蚊の涙だぜ、蚊の涙」と続く。

どうやら、蚊の涙がもっとも少ない額らしい。

□紅一点《こういってん》

「○○さんは、このチームの紅一点だ」と言うように、ビジネス社会では、男性スタッフの中の唯一の女性のことを指します。もとは中国の王安石《おうあんせき》の詩に由来する言葉とされ、一面の緑の中で、あかいザクロの花が異彩を放っていたことから「紅一点」と呼ばれるようになりました。

□セクハラ

職場にはさまざまなハラスメント（嫌がらせ）が存在しているようです。

性的な嫌がらせをするのがセクハラ、上司が地位を利用して嫌がらせをするのがパワハラで、特定の相手を無視したり、陰でこっそり悪口を言い合ったりするのがモラハラなんだとか。

下にハラをつければなんでも嫌がらせになってしまう世の中なのです。

□企業秘密

製造法とか特殊な技術など、利益を守るためにカイシャが他社に漏らしたくない秘密事項のこと。「ここから先は企業秘密なので、お話しできません」などと使われます。最近では路地裏の焼き鳥屋あたりでも「このタレは企業秘密なんでね」と使われるが、見られたくない場合にそう呼ぶケースも多いようです。

□ムチャぶり

上司が突然、相当量の仕事を「明日までに頼むよ」などと投げてくること。「無理です」と断るわけにもいかないのですが、最悪のパターンは「わかりました」と安請け合いしてしまうこと。上司も無理を承知でふってきているので、ここは遠慮なく条件を提示するのがデキる社員。「秘書課のA子さんに手伝ってもらえれば何とかなるかもしれません」。

□パシリ

都合のいいようにあごで使われる人のこと。「使いっ走り」の略。「アイツはいつまで、○○さんのパシリをやってるんだ」などと使われます。

□押す

放送業界などで、進行が遅れていること。「いま、30分ほど、押しています」などと使われます。進行が遅れることで、あとを圧迫することから「押す」という言い方になったのでしょうか。この業界では、予定よりも早く進むことはあまりなく、従って「押す」の反対語は聞いたことがない。

□前泊《ぜんぱく》

出張先で朝早くから会議という場合、当日の出発では間に合わないため、前日に出張先の近くのホテルに泊まること。サラリーマンの楽しみのひとつだったが新幹線網の発達などで「前泊不可」というお達しが出る会社が多くなったようです。

ちなみに、仕事が延びてその日に現地で泊まることは、後泊《こうはく》ではなく、後泊《あとはく》と言います。

□おいしい

ビジネスの世界でおいしいと言えば、もちろん味のことではなく、好条件とか好待遇という意味で使われます。

1980年代に西武百貨店が「おいしい生活」というキャンペーンコピーを使ったことから、おいしいの意味が社会的に変化していったようです。

□あごあし

あごは食事代、あしは交通費のこと。「先方があごあし持ってくれてね」と言えば、取引先が食事代も交通費も負担してくれました、という意味になる。

ちなみに、あごあしまくらという場合のまくらは宿泊費のことですが、まくらの意味を誤解している人もなかには居るようですね。

□お蔵入り

「あの企画、返事がないと思っていたら結局お蔵入りになっちゃったよ」などと、話がなかったことになってしまうことを言います。もとは「お蔵」にしまい込まれてしまうところからきたと言われますが、江戸時代に予定より早く千秋楽（興業の最終日）が来ることを「ラクになる」転じて「クラになる」と言ったところから「おクラいり」と呼ばれるようになったという説もあります。

□あうん

「本社と工場が、あうんの呼吸で進めないと間に合わないよ」などと使われますが、あうんとは、吐く息と吸う息という意味で、こちらと相手で物事を進めるときに気持ちが一致していることを言います。あうんは漢字では「阿吽」と書き、お寺や神社の狛犬《こまいぬ》は一方が「阿《あ》」で、もう一方が「吽《うん》」を表しています。

□手離れ

ビジネスの世界では、文字通り、仕事が自分の手を離れることを言います。おもに「手離れが悪い」とぼやきながら使われることが多く、やれやれ終わったと思ったら「修正が入ったから直してほしい」「企画を見直すから少し待ってほしい」あげくは「そもそもの考え方をやり直してほしい」と一向に手離れしないことも。

□シカト

「あの部長には何を言われてもシカトすることだね」などと使われます。

シカトは無視するという隠語ですが、どこから来た言葉だと思いますか？

これは何と花札の十月の絵札（鹿の十＝トオ）から来た言葉で、この札を見ると、確かに鹿がフン！とばかりに横を向いています。

□八つ当たり

「社長に叱られたからって、人に八つ当たりするなよ」などと使われます。

この「八つ」。なにが八つなのかと言うと、「八」に特別の意味はなく、「八」はやたら多いという意味で使われます。この場合は、だれかれなく目が合った者が当たられるということですね。

□五十日《ごとおび》

毎月5日、10日、15日、20日のように、5か0で終わる日のこと。昔からこの日に決済や集金を行う習慣があり、たしかに「五十日」は道路が混んだりします。年末で、五十日で、しかもたまたま金曜日にあたったりすると、銀行の窓口も道路も大渋滞という光景が広がります。

来週は出張。でも、この出張先、なんて読むんだ？

ビジネスに出張はつきもの。さて、切符を手配する前に、出張先の名前は確認しておきたい。日本全国には「これ、なんて読むの？」という難しい地名がゴマンとあります。ここでは筆者も迷った難読市名「読めま10（テン）」をご紹介。さあ、いくつ読めますかな？

行方市（茨城県）
霞ヶ浦の東に位置しています。
（なめがたし）

八街市（千葉県）
落花生の一大産地。
（やちまたし）

常滑市（愛知県）
中部国際空港はここ。
（とこなめし）

羽咋市（石川県）
千里浜なぎさドライブウェイと言えば（はくいし）
各務原市（岐阜県）
工業生産でも有名。（かかみがはらし）
高梁市（岡山県）
備中の小京都とも。（たかはしし）
豊見城市（沖縄県）
沖縄本島南部の市。（とみぐすくし）
橿原市（奈良県）
神武天皇ゆかりの地。（かしはらし）
篠山市（兵庫県）
丹波篠山でおなじみ。（ささやまし）
指宿市（鹿児島県）
温泉で有名な観光の街。（いぶすきし）

第七章

トップの好きなカイシャの四字熟語

社長の訓示や入社式には必ず飛び交う四字熟語。
漢字ばかりで読みにくい上に、意味もいたって難解。
トップの想いにせまるためにも、
よく使われる14語をしっかり覚えておこう。

上意下達《じょういかたつ》

（漢検5級レベル）

「上意」は上の地位にある者の意思、「下達」は下の地位の者に伝えることで、ビジネスの現場では、**上司の考えや命令を部下に伝え、それを実践させる**という意味で使われます。「ウチの部はどうも私の考えが部員によく理解されていないようだ」と嘆く上司をときどき見かけますが、通常は会社の組織が大きくなればなるほど社内のコミュニケーションは鈍化し、こうした上から下へという企業文化になじめない社員も多くなります。これからは「上意下達」ではなく、部下の考えをいかに上司が吸い上げるかという「下意上達《かいじょうたつ》」（カタカナ語ではボトムアップと言いますね）が企業成長のカギになるかも知れません。

不言実行《ふげんじっこう》

（漢検5級レベル）

「不言実行」は**あれこれ理屈を言わずに、黙って実際に行動すること**です。

孔子の論語に「君子は言に訥《とつ》にして行に敏《びん》ならんと欲す」とあるように、かつては、人格者は口が重くても、行動は敏速にするものと教えられていたようです。「不言実行」はビジネスの世界でも、デキる人の代名詞のように言われることもありますが、社内コミュニケーションの基本と言われる「ホウレンソウ」の見地からは、報告、連絡、相談なしで黙って行動することはＮＧとされます。

「不言実行」をもじって作られた言葉に「有言実行」がありますが、「不言実行」か「有言実行」か。さて、いまどき、上司の評価の高いのはどちらだろうか？

以心伝心《いしんでんしん》

（漢検5級レベル）

「心を以《も》って心に伝う」とも読み、言葉や文字を使わないで、心から心へ悟りや真理を伝えること。もとは禅宗の用語でしたが、いまでは一般的に、**言葉で表さなくても互いの考えが通じ合うこと**として使われています。

ビジネスの世界でも、気心の知れた相手のことを「A社の〇〇さんとは長いつきあいで以心伝心の仲だ。何も言わなくてもわかってくれるよ」などと使います。はやりの言葉で言えば「お互いに忖度しあう関係」というわけですね。

もっとも、いまの若い社員に「以心伝心」とか「忖度」とか言っても、そんなのはチョー古いとばかりにメールやＬＩＮＥで用件を済ませます。「以心電信」の時代なのです。

大器晩成《たいきばんせい》

（漢検5級レベル）

この言葉を座右の銘にしている人は案外多いですね。大きな器はできあがるまでに時間がかかるという意味で、**大人物は往々にして、遅れて頭角をあらわすこと**のたとえとして使われます。カイシャの世界では才能がありながら、なかなか結果を出せない人に対して「まだまだこれからだよ。大器晩成って言うじゃないか」などと肩を叩きながら激励する場面を思い浮かべますが、くれぐれも酒席などで上司に向かって言う言葉ではありませんのでご注意ください。

温故知新《おんこちしん》

（漢検5級レベル）

経営者の好きな四字熟語と言えば、まずこれが思い浮かびます。

「温故知新」とは**前に学んだことや古い教えを学び直し、新しい知識や道理を見つけ出すこと**です。

出典は論語の「故《ふる》きを温《たず》ねて新しきを知れば、以って師となるべし」から来ていますが、「温《たず》ねて」の部分を「温《あたた》めて」とする説もあり、その場合は、冷たくなったものを温め直すように、習ったことを復習するという意味になります。ビジネスの世界でこの言葉がもてはやされるのも、とかく新しいものばかりを追い求めて、過去の教訓に学ぼうとしない経営者が多いからでしょうね。

朝《ちょう》令《れい》暮《ぼ》改《かい》

（漢検5級レベル）

ひと昔前なら、困った上司をぼやく言葉として使われていました。「朝令暮改」は**朝に出した命令を、夕方にはもう改める**というように指示が一定しないことを意味します。「ウチの部長は朝令暮改もいいところだ。A方向で進めろと言ったのに、さっき、B方向に変更しろって言うんだぜ」などと使われます。ではいまの時代、「朝令暮改」が悪いことかと言えばそうとも言えず、ビジネスの指標といわれるPDCA（101ページ参照）を迅速に回していくためには、素早い修正も必要です。筆者がかつてお世話になった化粧品会社の社長のモットーは、朝言ったことの間違いに気づいたら即改めて実行する「朝令朝改」でした。実に見事です。

酒《しゅ》池《ち》肉《にく》林《りん》

（漢検5級レベル）

こちらは宴会や接待に関する四字熟語としてよく引き合いに出されますが、「酒池肉林」の本来の意味を少々取り違えている人も多いようです。

「酒池」は酒を満たした池で、「肉林」はたくさんの肉を木に懸けること。そこから**ぜいたくな宴会のこと**を意味するようになりました。昔の中国、殷《いん》の紂王《ちゅうおう》が暴虐の限りをつくし、池に酒をたたえ、木々に肉をたてかけて酒宴をはったという故事から来ています。「肉林」を女性の体と思っている人も多いようですが、実はそれが間違いかと言うと案外そうでもなく、紂王の故事の続きには、裸の男女に追いかけっこをさせたという記述があるそうですから、そう解釈してしまうのも無理からぬことかも知れません。

先憂後楽《せんゆうこうらく》

（漢検3級レベル）

そういえばこの言葉、ウチの社長室の壁に懸かっていたな、と思い出す人も居るのではないでしょうか。**天下の憂いに先立ちて憂い、天下の楽しみに後れて楽しむ**という意味で、もとは中国北宋の范仲淹《はんちゅうえん》が政治家の心構えを、何よりも天下国家のことを先に憂え、自分の楽しみは後回しにするべきであると説いたものです。この「先憂後楽」という言葉から岡山市にある庭園「後楽園」や東京都文京区にある「小石川後楽園」の名前がつけられたと言われています。名園の名前に、企業トップの座右の銘に、いまもって生き続けている不朽の四字熟語なのですね。

一期一会《いちごいちえ》

（漢検2級レベル）

新入社員の入社式で、企業の社長はしばしばこの言葉を使います。聴いている方は、正直、意味がよくわからないという人も多いのでは？

そもそもこれを「いっきいっかい」と読んでしまう人もいるようです。

「一期」は仏教の用語で人の生涯のこと。一年という意味ではありません。「一会」は一度会うことで、「一期一会」とは**生涯に一度だけ出会うこと**です。

もとは茶道の心得を説いた言葉で、どの茶会でも生涯にただ一度と考えて、すべての客と誠実に応対しなければならないという教えです。

入社式で「当社に入社されたのもいわば一期一会の縁」と社長が話したら「この会社を大切に思って生涯つくしてくれ」ということか。

粉骨砕身《ふんこつさいしん》

（漢検2級レベル）

「粉骨砕身」は、**全力を尽くして努力すること、また、骨身惜しまず働く**という意味で、いまの若い社員にはどこかピンと来ない価値観かも知れませんね。同じ意味で「砕身粉骨《さいしんふんこつ》」とか「粉身砕骨《ふんしんさいこつ》」とも言うようですが、いずれにしてもボロボロになるまで働きなさいってことですね。ちなみに「粉骨砕身がんばります」と言わずに「身を粉にしてがんばります」という場合は気をつけてください。

この場合は「身を粉《こな》にして」ではなく「身を粉《こ》にして」と読みます。

長時間労働はダメよ。私の責任になるからね。
粉骨砕身、がんばります！

背水之陣《はいすいのじん》

（漢検準1級レベル）

政局やビジネスの場面で、ときどき耳にする言葉です。「これが当たらなければ会社の存続が危うくなる、まさに背水之陣だ」などと使われ、**後には引けないぎりぎりの状況のこと**を「背水之陣」と言います。

「背水」とは川や海を背にすることで、昔、中国、漢の韓信《かんしん》が趙《ちょう》と戦ったとき自軍の兵が疲れていたため、わざと川を背にして陣を張りました。そこで兵たちは引くに引かれず必死になって戦い、勝利を収めたという故事によります。

よく似た言葉に「不退転《ふたいてん》」というのがありますが、こちらは、何事にも屈せず心を曲げないことで、微妙に意味が異なります。

捲《けん》土《ど》重来《ちょうらい》

（漢検準1級レベル）

「捲土」は砂塵を巻き上げることで、「重来」は再び来るという意味です。「重来」は「ちょうらい」とも「じゅうらい」とも読みます。

一度戦いに敗れた者が、**再び勢いをとり戻して、今度こそはと巻き返しをはかる**という意味の四字熟語ですが、中国ではアクション映画のポスターなどでも時々見かけるようで、前作で敗退したヒーローが「7月1日、捲土重来！」などと勇ましいコピーとともに再びスクリーンによみがえってきます。カイシャ社会では年度末の納会などでよく使われ、「来期こそは捲土重来を期して、目標達成に全力をあげよう」と社員を鼓舞する場合に多用されるようです。

李下瓜田《りかかでん》

（漢検準1級レベル）

どこかの首相が国会でこの言葉を使って、反省の弁を述べていたのをご記憶でしょうか。「李下瓜田」は**人に疑われるようなことはしない方がいい**というたとえで、「李下に冠《かんむり》を正さず」という話と「瓜田に履《くつ》を納《い》れず」という二つの話からできています。「李下」の方は、李《すもも》の木の下で冠を直すと李を盗むのではないかと思われる。「瓜田」の方は、瓜《うり》の畑で履物を履き直そうとすると瓜を盗むのではないかと思われる。そうした、疑われても仕方がないような行為はするなという教えです。

いまのビジネス社会でも通用するところがあり、例えば、会社と取引先がもめているような時には、取引先と酒席を重ねるようなことは慎重に。そういうことですね。

臥薪嘗胆《がしんしょうたん》

（漢検準1級レベル）

四字熟語の最後は、組織の中で、つらい思いをしながら不遇をかこっている全てのカイシャ人にエールを送ります。中国の春秋時代、呉《ご》王の夫差《ふさ》は父の仇である越《えつ》王勾践《こうせん》を討つために、固い薪《たきぎ》の上に寝て復讐心をかきたて、勾践軍を倒しました。

そして、敗れた勾践はと言うと、動物の苦い胆《きも》を嘗《な》めてはその恥を忘れまいとし、二十数年のちに夫差を滅ぼしたそうです。

その故事から「臥薪嘗胆」という言葉ができ、**目的を達成するために機会を待ち、苦労を耐え忍ぶこと**をそう表すようになりました。いまのビジネス社会はとかく要領のいいヤツがいい思いをするような時代ですが、陰で苦労をしている人もいつかは必ず報われる。そう信じたいものですね。

明日はどういう日？ こよみ言葉の謎。

会社の壁に懸かっているカレンダーや自分の手帳を見ると、毎年毎月見ているのに、いまだに意味がよくわからない。そんな言葉ってありませんか？ さあ、長年の疑問を少しだけですが解決してみましょう。

◎赤口ってなに？

六曜のひとつで「しゃっく」とか「しゃっこう」と読みます。仏滅よりもさらに凶の日で、正午のみ吉だってご存じでしたか？

◎さんりんぼうってなに？

漢字で「三隣亡」と書きます。古くから棟上げとか建前《たてまえ》といった建築関係には凶の日と言われています。

◎先勝って勝負に関すること？

これも六曜のひとつ。「先《さき》んずれば即ち勝つ」という意味で、午前中に物事を行なうのがよいとされる日です。

◎6月の芒種《ぼうしゅ》って何をするの？

二十四節気のひとつで6月6日頃。「芒」は穀物の穂先の毛のこと。この時期に稲や麦の種まきをするという意味です。

◎12月の師走ってだれが走るの？

師走の語源にはいろいろな説があり、「師」の意味も学校の先生だったり、お寺の法師だったり……。

◎土用って冬でもあるの？

立春、立夏、立秋、立冬の前のそれぞれ18日間を土用と言います。つまり四季に合わせて年四回あります。

番外編

鵜呑みにできない、カイシャ言葉のウラ

社会人はときに本音を言わないことがある。
それは言わないのではなく言えないのです。
上司から、あるいは得意先からこう言われたら、
その言葉のウラにある本音をそっと探ってみよう。

■上司からこう言われたこと、ありませんか？

「君以外に適任はいない」

上司の本音（念のため、二番手は用意してあるが……）

TVドラマにもなった池井戸潤の「半沢直樹シリーズ」でも、銀行員の主人公はしばしばこんな言葉を上司から投げかけられます。債権回収のような難しい仕事の依頼であるが、ドラマではなく現実のカイシャ社会で上司から「君しかいない」と言われても、意気に感じすぎてはいけない。部下に理不尽な仕事を押しつけるときの常套句だからです。現にやむを得ない理由でその仕事を断ったとしても、その後、「何とか再考してくれ」と再びお声がかかることはまれ。上司は大抵、二番手三番手も用意しているものである。

上司の「君しかいない」は実はそれほど切羽詰まってはいないことが多いのです。

「基本、まかせる」

上司の本音（あとでこまかく指示するからな）

プロジェクトも佳境に入った頃、上司からこう言われて、「まかせて貰えた！」などと有頂天になるのはまだ早い。カイシャで使われる「基本」という言葉には「今はとりあえず」というニュアンスが含まれていて、たまたま上司は他の案件で忙しく、今はかまっていられないという意味で使っていたのです。

あとで、まかせるなんて言ったか？　とばかりに、口うるさく指示が入るのが常である。「あれほどまかせると言ったのに」と恨んでも、大抵は通用しないことになるから気をつけたい。本当にまかせてもらえるようになるには、まだまだ道は遠いのだ。

■上司からこう言われたこと、ありませんか？

「無理しなくていいから」

上司の本音（ダメならすぐにやり直させるぞ）

一見、物わかりのよさそうな上司の決まり文句。かなり難しい仕事をふって来るときによく使われる言葉です。ときに「できる範囲でかまわないから」という言葉とセットで使われます。食事をとるのもそこそこに、夜中までかかってようやく仕上げ、あくる日に上司に提出しても、上司の顔がみるみる曇り出すことがあります。「無理しなくていい」は「時間はないけどオレがＯＫするものを作ってこい」という意味でした。やさしい顔にひそむ心のウラを深読みすることも社会人には必要なんですね。

「着眼点は良かった」

上司の本音（どうしてこうなってしまったんだ！）

上司としては企画の面白さを認めて、次に進めと指示したつもりだったのが、次の段階でチェックしてみたら、まるで面白くなっていない。

とはいえ、自分の初期判断の過ちを認めるわけにはいかないから、得てして「着眼点は良かったのになあ」ととけげんな顔をします。

これは自分の目が届いている範囲はいいけど、自分が離れるとまだまだだなと言いたいわけである。自分のスキルに自信のない上司ほど、最初の打ち合わせだけ参加して、あとは次第に逃げ腰になっていくことがあるので注意しよう。

■上司からこう言われたこと、ありませんか？

「悪いようにはしない」

上司の本音（オレを助けると思って）

上司が窮地におちいったときによく口から出る言葉です。例えば商品がどうしても納期に間に合わないことが分かった場合、「ここは君の責任ということにしてくれないか。悪いようにはしないから」。大抵はその後、良くも悪くもならないことが多い。

仮にあなたが女性の場合は少し意味が違ってきます。

女性に対して上司が「悪いようにはしないからね」と言って来たら、これはパワハラになる可能性が高い場面なので、十分気をつけよう。

「社長も褒めてたぞ」

上司の本音（オレの功績も忘れるなよ）

大きな案件を成功させた。会社の売り上げを大きく伸ばした。そんなとき、「社長も褒めてたぞ」と上司経由で聞かされることがあります。社長としては担当した部署全体、チーム全体を評価したうえで、若いあなたの頑張りを褒めたつもりなのだが、この言葉が上司経由であなたに伝えられるとき、上司は「もしかしたら、コイツ、『俺が褒められた』と勘違いしないだろうか」。そう不安を抱くものです。

「社長も褒めてたぞ」と聞かされたら、ここはまず、心にはなくても「部長のおかげです」と上司に花を持たせないといけないのです。

■上司からこう言われたこと、ありませんか？

「今日は無礼講《ぶれいこう》だ」

上司の本音（オレの悪口を言ってもいいってことじゃないぞ）

忘年会や新年会の席でよく上司は「今日は無礼講だ」と言います。無礼講とは、もともと身分を抜きにして酒を飲もうということですが、あまり意味は考えずに開宴のあいさつというレベルで使われることが多い言葉です。ところが無礼講だからといって、上司にタメ口で話しかけたり、日頃のうっぷんをここぞとばかりにぶつけ始めると、やがて上司は怒り出し、酒席は修羅場に変わり、その後の社内の人間関係もうまくいかなくなった、というケースは山ほどあります。

上司との酒の席はほどほどの距離感を保つ方がいいのでしょうね。

「あとは、若い人だけで」

上司の本音（正直、あいつらは疲れるんだ）

次は飲み会が終わった後に、上司がよく言うひと言です。店を出てやおら時計を気にしながら「じゃあ、あとは若い人だけで」。郊外の自宅まで電車で1時間半はかかることを部下たちも知っていますから、「では私たちだけでもう少し」と上司に礼をのべてここで解散。上司はまっすぐ駅に向かうと思いきや、隠れるように一人でなじみのスナックへ。やれやれとばかりに店のママにポロリと本音をこぼします。「最近の若いヤツとは話も合わないから、飲んでて疲れるんだよ……」。上司を深追いしてはいけない。

■得意先からこう言われたこと、ありませんか？

「違和感がある」

得意先の本音（まったくピンと来ないね）

打ち合わせ中、こちらの提案に対して腕組みをしながら、相手は得てしてこう言います。「うーん、なんか違和感があるね」。この違和感という言葉、最近はビジネス社会でもよく使われますが、平たく言えば「ピンと来ない」、さらには、「ちょっと不快な感じだ」という意味でも使われるようです。つまり、いまの若者言葉の「僕的には」「みたいな」のように、はっきり言うと摩擦が起きそうだから曖昧に言っているのに過ぎないのです。

得意先が「違和感がある」と言ったら、それは、こちらを傷つけないように遠まわしにダメ出しをしているのだと心得よう。

「これで売れるの？」

得意先の本音（売れなかったら責任とってよ）

正直そう言われても困ります。商品がいいことはわかります。市場での優位性もありそうです。でも、こちらが提案したのはあくまでも売り場でのディスプレイ案ですから。広告戦略もメディア戦略も当社はいっさい請け負っていないのですから何ともそこまでは……。にもかかわらず、得意先は再び言います。「本当に、これで売れるの？」。答えようがありませんから「売れると思いますが」と返さざるを得ません。

得意先が責任はこちらにあるとばかりに「これで売れるの？」と何度も聞いてきた商品が当たった試しはあまりないと思うのだが。

■得意先からこう言われたこと、ありませんか？

「一応お預かりします」

得意先の本音
（どれも不採用にしたいところだが）

得意先に企画案やデザイン案を説明し終わって、さて結論を聞きたいと思っても先方は往々にして、「一応、お預かりします」と返事を延ばすことが多い。

これは「この場では判断できないので、一旦預からせてください」という意味だと額面通りに受け取らない方が賢明だ。これは、得意先の担当者が面と向かって不採用と言いにくいだけだったということがままあるからだ。

せ、せめて一旦お預けということで。
不採用です。この場でお返しします。

「機会があれば、またお願いします」

得意先の本音（もう仕事をお願いすることはないかも）

ひとつの仕事が終わって得意先に「ありがとうございました」と頭を下げる。得意先からは「機会があれば、またお願いします」と笑顔が返ってくる。

しかし、この「機会があれば」という仮定形がどうも気になります。すぐまた次の仕事を頼みたいという場合は、こういう言い方をしないものです。恋人同士が別れの場面で「また生まれ変われるとすれば」と言うのと同じ。往々にして、これ以降お声がかからないことが多い。筆者は「機会があればまたお願いします」と言われたら、無念ではあるが「お世話になりました」と返すようにしています。

■同僚からこう言われたこと、ありませんか？

「ここだけの話なんだけど」

同僚の本音（もう、他の人にも話しちゃったんだが）

カイシャ社会でいちばん聞きたくなるのが、「ここだけの話」です。同僚からもたらされるうわさ話の数々。その一番人気が「○○部長、支社に異動になるらしい」という人事の話題。あるいは「○○次長と総務の○○さんがつきあっているらしい」という社内ラブのネタ。こんな話をキャッチしようものなら、口の軽いことで有名な同僚が放っておくわけはありません。

あなたに「ここだけの話なんだけど」と耳打ちしてきたら、もうとっくに他のひとの耳にも入っていると思った方がいい。会社の中で、「ここだけの話」は基本的には存在しない。

「お前もがんばれよ」

同僚の本音（オレはいちおう上を狙えてるし）

同期の仲間が集まって月いちで開かれる飲み会。盛り上がった二次会も終わって外へ出たら、同じ大学から入社したA君に肩をポンと叩かれて「お前もがんばれよ」。

あまり親しくもない同期から「お前もがんばれよ」と言われると、どこか上から目線を感じることはありませんか？

A君は「オレはいちおう結果を出してるし、上を狙えてるぜ」と言いたげです。

あなたとしては、鼻持ちならない無礼な言い方だなと腹に据えかねることもあるでしょう。同期がそう言って来たら、「君も言葉でつまづくなよ」。そう切り返してみましょう。

上に行けるのは言葉を武器にできる人なのです。

おわりに

最後までお読みいただき、ありがとうございました。


私自身、普通のコピーライターであり、日本語のプロでもありません。

普段の仕事で言葉遣いに迷うこともしばしばあります。

本書をお読みになった皆さんに、少しでも言葉に関する知識を提供することができたかと言えば、正直、とてもそんな自信はありません。

でも、40年を超すカイシャ生活の経験の中から、皆さんが「これは、そういう意味だったのか！」と一つでも二つでも膝を打つような場面があったとすれば、私としてはこれ以上ない喜びです。


本書を執筆するにあたり、長年愛用していた国語辞典を買い替えました。

お恥ずかしい話ですが、それまで使っていた辞典は20年も前に刊行されたものでした。いま、新旧の辞典を見比べると、以前のものには載っていなかった言葉、意味が変化した言葉がたくさん見受けられました。

言葉は時代とともに変わります、増して、日々激しく動くビジネス社会の言葉は、私たちの想像を超える速さで変わっていくことでしょう。

皆さんには、現代のシゴト言葉、カイシャ言葉を正しく知っていただいた上でぜひ、変わりゆく言葉の力を武器にして、これからのビジネス社会を自信を持って歩んでいっていただきたいと願っています。

最後に本書の企画から刊行まで、折に触れてサポートしていただいたクロスメディア・パブリッシングの高橋孝介様、播磨谷菜都生様に心より感謝を申し上げます。

お二人との出会いがなければ、本書は誕生しませんでした。

ありがとうございました。

平成29年10月　山本　晴男

用語索引

あ行

か行

さ行

た行

な行

や行

ら行

わ行

アルファベット

参考文献・資料

「四字熟語辞典」東郷吉男（東京堂出版）
「四字熟語物語」田部井文雄（大修館書店）
「漢検四字熟語辞典」（日本漢字能力検定協会）
「故事ことわざ辞典」宮腰賢（旺文社）
「故事名言ことわざ総解説」（自由国民社）
「慣用句・ことわざ・四字熟語辞典」西谷裕子（東京堂出版）
「社会人用語ハンドブック」今井登茂子（サンマーク出版）
「メール文章力の基本」藤田英時（日本実業出版社）
「やさしく使える敬語の基本」西出博子（西東社）
「現代用語の基礎知識 ２０１７」（自由国民社）
「国語に関する世論調査」（文化庁）
「常用漢字表」（平成22年内閣告示）

【著者略歴】

山本晴男（やまもと・はるお）

コピーライター、クリエイティブ・ディレクター。漢字教育士（立命館大学白川静記念東洋文字文化研究所認定）。漢検漢字教育サポーター。漢検1級取得。
1950年愛知県生まれ。立命館大学産業社会学部卒業後、広告制作会社を経て1980年東京コピーライターズクラブ（TCC）新人賞を受賞。同年、（株）旭通信社（現アサツー ディ・ケイ）に入社。その後コピーライター、クリエイティブ・ディレクターとして数々のクライアントの広告制作を手掛ける。2002年独立、（株）WILL&WAY代表取締役を経て、現在はフリーのコピーライターとして活躍中。
漢字や日本語に関する見聞を綴ったブログ「漢字幸兵衛」主宰。

漢字幸兵衛　http://kanjikobee.blog.fc2.com/

社会人《しゃかいじん》の日本語《にほんご》

2017年10月21日　初版発行

発行　株式会社クロスメディア・パブリッシング

発行者　小早川幸一郎

〒151-0051　東京都渋谷区千駄ヶ谷4-20-3 東栄神宮外苑ビル

http://www.cm-publishing.co.jp

発売　株式会社インプレス

〒101-0051　東京都千代田区神田神保町一丁目105番地

TEL (03)6837-4635（出版営業統括部）

■本の内容に関するお問い合わせ先 ……………… クロスメディア・パブリッシング
TEL (03)5413-3140 ／ FAX (03)5413-3141

■乱丁本・落丁本のお取り替えに関するお問い合わせ先 ……………… インプレス　カスタマーセンター
TEL (03)6837-5016 ／ FAX (03)6837-5023 ／ info@impress.co.jp

乱丁本・落丁本はお手数ですがインプレスカスタマーセンターまでお送りください。送料弊社負担にてお取り替えさせていただきます。但し、古書店で購入されたものについてはお取り替えできません。

■書店／販売店のご注文受付 ……………… インプレス　受注センター
TEL (048)449-8040 ／ FAX (048)449-8041

カバー・本文デザイン　金澤浩二（ジェニアロイド）　カバー・本文イラスト　岡田丈

ISBN 978-4-295-40131-5　C2034　印刷・製本　中央精版印刷株式会社